“十四五”职业教育国家规划教材

U0587430

| 职业教育电子商务专业 系列教材 |

网店运营综合实战

主　编／吴　成　王　薇

副主编／梁海波　梅敏仪　马泽权　张清连

参　编／（排名不分先后）

陈舒乔　吴上生　兰炳炎　何妙佳

廖兴锋　黄芬楠　潘晓丹　殷学祖

重庆大学出版社

内容提要

本书以习近平新时代中国特色社会主义思想为指导，以立德树人为教学培养目标，结合职业院校电子商务、网络营销等专业学生的特点，以网店运营工作岗位为依据，深度对接企业岗位需求，以创建及运营真实的网络店铺为主线贯穿全书，全面系统地介绍网店开设前的筹备、网店设置及商品上架、网店装修思维、网店促销与推广、网店流量解析与SEO优化、网店客户运营及物流运营等方面的内容。本书在编写过程中通过引入广州市德镒信息技术有限公司深度参与，了解并掌握了网店运营工作岗位的一般典型工作任务，基于"工作过程系统化"的理念进行内容编排，创设了"项目→任务→活动"三级体系，在活动实践中学习，在学习中完成实践训练，充分做到以学生为主体，理论与实践相统一，体现"做中学、学中做"的编写思想，重点关注学生知识、技能与素养的培养，尤其是对学生分析问题、解决问题、团队合作的职业素养及诚信经营、公平竞争、为社会做贡献的思政素养的培养。

本书可作为职业院校电子商务、网络营销等专业及其他相关专业的教学用书，也可作为网店运营者的培训及参考用书。

图书在版编目（CIP）数据

网店运营综合实战 / 吴成, 王薇主编. -- 重庆：重庆大学出版社, 2021.9（2024.8重印）
职业教育电子商务专业系列教材
ISBN 978-7-5689-2965-3

Ⅰ.①网… Ⅱ.①吴… ②王… Ⅲ.①网店—运营管理—职业教育— 教材 Ⅳ.①F713.365.2

中国版本图书馆CIP数据核字（2021）第186603号

职业教育电子商务专业系列教材
网店运营综合实战
WANGDIAN YUNYING ZONGHE SHIZHAN
主 编 吴 成 王 薇
副主编 梁海波 梅敏仪 马泽权 张清连
策划编辑：王海琼
责任编辑：王海琼 装帧设计：王海琼
责任校对：谢 芳 责任印制：赵 晟
*
重庆大学出版社出版发行
出版人：陈晓阳
社址：重庆市沙坪坝区大学城西路21号
邮编：401331
电话：（023）88617190 88617185（中小学）
传真：（023）88617186 88617166
网址：http://www.cqup.com.cn
邮箱：fxk@cqup.com.cn（营销中心）
全国新华书店经销
印刷：重庆市国丰印务有限责任公司
*
开本：787mm×1092mm 1/16 印张：15 字数：375 千
2021 年 9 月第 1 版 2024 年 8 月第 3 次印刷
印数：6 001—9 000
ISBN 978-7-5689-2965-3 定价：49.00元

编写人员名单

| 主 编 | 吴　成 | 东莞市轻工业学校 |

王　薇　东莞市商业学校

副主编　梁海波　东莞市电子商贸学校

梅敏仪　佛山市顺德区勒流职业技术学校

马泽权　东莞市纺织服装学校

张清连　东莞理工学校

参　编（排名不分先后）

陈舒乔　中山市现代职业技术学校

吴上生　东莞理工学校

兰炳炎　东莞市纺织服装学校

何妙佳　东莞市商业学校

廖兴锋　东莞市电子商贸学校

黄芬楠　佛山市顺德区龙江职业技术学校

潘晓丹　柳州市第二职业技术学校

殷学祖　广州市德镱信息技术有限公司

"网店运营综合实战"是电子商务专业的一门核心课程，主要介绍网店运营的理论知识和操作方法，是适合职业院校电子商务及相关专业学生的学习用书。本书以企业岗位需求为依据，以培养学生网店运营知识、运营技能和职业素养为目标，着力提高学生网店运营实战能力，为企业培养高素质的电子商务专业技能型人才。

本书结合职业院校学生的特点，以一家真实网店的运营为主线，全面系统地介绍了网店开设前的筹备、设置及商品上架、网店装修思维、网店促销与推广、网店流量解析与SEO优化、网店客户运营及物流运营七方面的内容。通过本书的学习，学生能有效掌握一家网店的运作方法，对提升其网店运营能力有着重要意义。

本书在编写中力求做到以下"六个一"：

（1）实现一个目标：以二十大精神为指引，以立德树人为目标，努力做好为党育人、为国育才的职业教育。

党的二十大报告提出"要深入实施科教兴国战略、人才强国战略、创新驱动发展战略"，本教材紧密对接国家发展重大战略需求，全面贯彻党的教育方针，落实立德树人根本任务，明确了"培养什么人、怎样培养人、为谁培养人"的这一根本性问题，以就业创业为抓手，以网店运营为主要内容，力争为"中国智造"打造更优质、更高效、更便捷的国货推广平台，用虚拟经济助力实体经济的发展。

（2）加强一个引领：以社会主义核心价值观为引领，力求做到技能、思政与素养的三提升。

本书坚持以习近平新时代中国特色社会主义思想为指导，在传授专业技能的同时，恰当融入社会主义核心价值观，如本书中提到的"诚信经营""遵纪守法""弘扬国货""与客户友善""文明沟通""平等待人"等，分别对应"诚信""法制""爱国""友善""文明""平等"，融入课程思政理念；同时也将严谨踏实、开拓创新、团队合作、工匠精神、职业精神等素养进行融合，做到技能、思政与素养的三提升。

（3）践行一个融合：以校企深度融合为抓手，力争做好供给与需求的三对接。

本书引入电商企业负责人参与编写，力求做到教材内容与企业需求相融合。以电商企业岗位需求为依据，做到教材内容与行业标准对接、与企业技术对接、与企业运营模式对接。通过三对接，保证教材内容的先进性、科学性和规范性，践行国家推行的产教融合、校企合作的职教理念。

（4）做好一个转化：以学科本位转化为基于工作过程的编写形式，更适应中职学生学情。

本书将基于传统学科本位转化为基于"工作过程"的编写形式，将企业工作过程转化为学习项目、学习任务和学习活动，通过具体活动的实施，更符合中职生热爱动手操作的学情，让学生在学习中实践，在实践中学习，达到理论和实践融合统一，做到知行合一。

（5）围绕一个中心：以学习者为中心，以项目任务活动为依托，调动学习积极性。

本书从学习者的角度出发，构建"项目→任务→活动"的三级体系，根据中职生的特点，编写有逻辑、可操作、能实施的学习内容。规划学习项目，创设任务情境，组织实施活动，配合图片、表格，辅以"知识窗""拓展思考""做一做"等内容以及电子资源，契合中职生的认知规律，能有效调动学生学习积极性。

（6）提供一个服务：以建设高质量内容为宗旨，力求为学生学习、为教师成长、为专业建设提供优质服务。

本书是电子商务、网络营销等专业的核心课程，在专业教学中具有重要的地位和意义，在编写过程中力求让学生学有所获，让老师在讲授中教学相长，更为专业建设提供优质教学内容和资源，助力专业改革与发展。本书教学内容的课时安排建议如下表：

序号	项目	建议课时
1	网店开设前的筹备	10
2	网店设置及商品上架	16
3	网店装修思维	20
4	网店促销与推广	24
5	网店流量解析与SEO优化	22
6	网店客户运营	16
7	网店物流运营	12
合　计		120

本书由吴成、王薇担任主编并负责统稿，由广州市德镱信息技术有限公司的总经理殷学祖负责参与指导，并协助审稿，凸显校企合作特点。全书具体分工如下：项目1由吴成编写；项目2由张清连、吴上生共同编写；项目3由马泽权、兰炳炎共同编写；项目4由梁海波、梅敏仪、黄芬楠、潘晓丹共同编写；项目5由王薇、廖兴锋共同编写；项目6由王薇、何妙佳共同编写；项目7由陈舒乔编写。

本书适合职业院校的电子商务专业、移动商务专业、网络营销专业、直播电商服务专业、商务数据分析与应用专业、计算机等相关专业的学生学习使用。本书为电子商务等专业的核心课程，建议在专业基础课程学习之后开设该课程，可安排在二年级或三年级的专业课教学计划中。

本书是广东省2021年度中小学教师教育科研能力提升计划项目（广东中职教研机制建 设与实践创新研究，立项编号：2021YQJK613）研究成果之一，基于工作过程的情境设计和丰富的教学案例，是中职教师创新性开展教研实践的良好载体。

本书有配套的教学资源包，包括电子课件、电子教案、习题答案、试卷供教师教学参考，需要者可登录重庆大学出版社的资源网站（WWW.cqup.com.cn）下载。

本书在编写过程中力求严谨、准确、细致，但由于编者水平有限，书中难免有疏漏和不足之处，还请广大读者提出宝贵建议或意见。电话：023-88617115。

编　者

‖‖‖‖ 项目1　网店开设前的筹备

‖‖‖‖ 项目2　网店设置及商品上架

项目 1
网店开设前的筹备

☐ 项目综述

张小明是电子商务专业学生，在校期间，他认真学习了电子商务专业的基础知识，在国家推出"大众创业、万众创新"的新举措下，他燃起了对电子商务创业的热情。通过学习，张小明对电子商务的基本概念、营销技巧和运营模式有了一定的认识。在此基础上，他认为通过自身的努力，可以在网上创业这一领域有所斩获，为国家经济发展做出一份努力和贡献。于是他邀请了班上几位有创业兴趣的同学，组建了创业团队。张小明给团队起了"创业之星"的队名。"创业之星"团队打算在网上开家店铺，将所学的专业知识应用在创业实践中。

目前在网上开店现象已经非常普遍，也已有很多学生开设了网店，但要了解并掌握网店的运营与管理，必须从创业的基础开始。首先要明确开店前需要开展哪些筹备工作。例如：网店平台的选择、网店商品品类及价格的确定、目标群体的掌握、创业团队的职责与管理等方面。机会是留给有准备的人，本项目将从3个任务来介绍开店开设前的筹备工作。

☐ 项目目标

通过本项目的学习，应达到的具体目标如下：

知识目标

◇了解各类网上开店平台的特点

◇了解网店销售商品的特征及热卖商品

◇了解网店商品的进货渠道

◇了解网络消费者群体的特点

◇了解网店商品的定价方式及盈利模式

◇了解网店运营团队的组织架构和职责

◇掌握网店账号注册的方法与步骤

◇掌握开通网店的认证方法与步骤

能力目标

◇能根据各大网上开店平台的特点选择合适的平台

◇能掌握网络商品的特点并选择适合的商品

◇学会寻找适合的货源

◇寻找目标消费群体并确定对应商品的价格

◇能组建合适的创业团队并进行有效管理

◇掌握网店注册及开店认证的方法和步骤

升学考试目标

◇掌握网上开店平台的特点及运作模式

◇掌握适合网销商品的特点及线上销售商品的要求及进货渠道

◇学会分析消费者群体的特征，包括消费习惯和消费心理，并能制定合理的消费策略，掌握
店铺运营的定价方法和选择盈利模式。

◇了解常见电商企业的组织架构及职责分工，并学会组建小型校园创业团队并做好人员分
工及团队管理。

◇掌握多种形式的网店账号的注册方法及店铺认证方法及步骤，了解需要准备的资料及注
意事项。

素质目标

◇培养学生创新创业的开拓精神，树立为国家经济发展做贡献的社会责任感

◇培养学生互帮互助、协调沟通、合作解决问题的团队精神和沟通能力

◇培养学生自主探究的主动学习、钻研的精神

◇培养学生严谨、踏实、细致的工作态度

◇培养学生善于发现问题、分析问题、解决问题的独立思考能力

▣ 项目思维导图

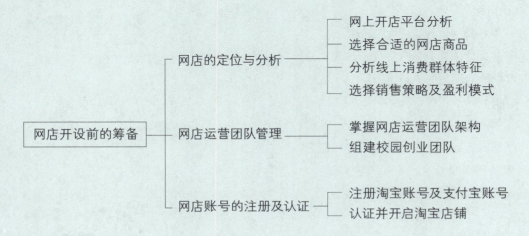

任务1
网店的定位与分析

情境设计

时下，网上开店门槛低、风险小，越来越受到创业者的欢迎，网上开店已经成为一种新潮流，也是帮助国家解决大量就业的一种新方式。如白领、学生、线下店铺的老板们都纷纷开起了网店。虽然各大网店如雨后春笋般涌现，但大部分店主由于对网店平台认识不清，缺乏开店知识和技巧，对商品的选择、进货渠道、定价及盈利模式把握不准，目标消费群体定位不清，导致网店经营效率不高、运营效果不好。因此本任务旨在帮助店主们把握网店定位及解决网店开设中存在的困惑。

任务分解

作为电子商务专业的学生，张小明及其团队成员准备在网上开店，团队成员经过讨论，搜集资料，决定开展网店开设前的筹备工作，需要完成：①选择网上开店平台；②选择合适网店商品；③分析线上消费群体特征；④选择销售策略及盈利模式。创业团队将开展一系列的网店筹备工作，为开设网店打下基础。

活动1　网上开店平台分析

活动背景

网上开店需要选择一个高质量平台，高质量平台能带来源源不断的流量和有效的商品展示，增加商品的曝光率，进而提高商品的转化率，促进商品在网络上销售。了解并选择合适的网络平台是网上开店前必须做的一项重要工作。目前网上开店有哪些平台？各类平台有什么特点，开设网店该如何选择，接下来，跟着我们一起去了解。

活动实施

第1步：通过百度搜索，查阅相关资料探寻主流的网上开店方式。

目前，网上开店的方式主要有两大类：一类是自助搭建独立网站；另一类是借助第三方网络平台创建店铺。接下来，我们一起了解两种不同的开店方式。

方式一：自助搭建独立网站

自助搭建独立网站是指经营者根据自身经营的商品情况，自行或委托他人建设一个网站。独立的网上商店网址通常都包含一个顶级域名，例如：华为商城官网，如图1.1.1所示。VMALL就是该网站的域名。该类型网站独立于第三方平台，完全依靠经营者通过线上或者线下宣传，吸引消费者进入该网站并完成商品的在线销售。

图1.1.1 华为商城官网首页（独立网站）

方式二：借助第三方网络平台创建店铺

借助第三方网络平台创建店铺是指创业者在专业的第三方网上开店平台上通过注册会员、创建店铺、发布商品、装修店面等，从而开设网上店铺。创业者无须缴纳费用或者支付少量费用，就可以拥有属于自己的网上商店，进而在网上销售商品。

□ 拓展思考

自助搭建独立网站开店和第三方网络平台开店有什么不同？

自助搭建独立网站开店和第三方网络平台开店的区别见表1.1.1。

表1.1.1 独立建站和借助第三方平台开店的区别

建店方式	建店介绍	优 势	不 足	适用企业
自助搭建独立网站	独立开拓一个全新的网络空间，需要完成域名注册、空间租用、网页设计、程序开发、网站推广等工作。	可根据经营者思路来设计网站，不必受第三方平台限制。	成本高，需要技术团队支持，需要自行宣传推广。	资金雄厚、知名度高的中大型企业。
借助第三方网络平台开店	只需在第三方平台注册，缴纳少量费用即可开店。	不需要维护平台的技术人员，成本及费用低，自带平台流量。	需要按照平台的要求和功能建店，部分功能受限。	中小型企业或者创业团队。

□ 知识窗

你所知道的第三方网络平台有哪些？

常见的第三方网络平台较多，这里列举一些典型代表，如淘宝网、天猫、京东商城、全球速卖通、拍拍网、易趣网、拼多多、微店等。

（1）淘宝网

中国最大的网购零售平台，由阿里巴巴集团在2003年5月创立，目前拥有近5亿的注册用户，日活跃用户超1.2亿，在线商品数量达到10亿。在C2C市场，淘宝网占有95.1%的市场份额。随着淘宝网规模的扩大和用户数量的增多,淘宝网也从单一的C2C网络集市变成了包括C2C、聚划算、分销、拍卖、直供、众筹、定制等多种电子商务模式在内的综合零售商圈。2018年,淘宝进军MR(混合现实)购物领域,与微软HoloLens合作,通过"混合现实"技术将超现实的未来购物体验实现,消费者可以身临其境,亲身感受由"机器算法"叠加"真实世界",过一把"科幻生活"的瘾。

(2)天猫

天猫(Tmall)也称天猫商城,中国最大的B2C购物网站,由知名品牌的直营旗舰店和授权专卖店组成。2012年1月11日上午,淘宝商城正式宣布更名为"天猫"。2012年3月29日发布全新logo形象。其整合数千家品牌商、生产商,为商家和消费者之间提供一站式解决方案,提供100%商品品质保证。天猫同时支持网购的各项服务,如支付宝、集分宝等。2012年11月首次推出"双11"购物狂欢节,成交额达到132亿元。2020年"双11"狂欢季销售总额更是创纪录地达到4 982亿元。

📖 拓展思考

阿里系的淘宝和天猫的区别见表1.1.2。

表1.1.2　天猫商城与淘宝店铺的对比

网店平台	优　势	劣　势
淘宝	1.国内较早的知名电商平台,知名度高; 2.准入门槛低,个人及企业都可以入驻; 3.商品类及数量多; 4.有完整的商品评价信用体系。	1.同类商品数量多,同质化严重,购物体验稍差; 2.搜索排名及流量向天猫倾斜; 3.商品质量参差不齐,品质有差异; 4.客户忠诚度不高,信用存在刷单问题。
淘宝	1.国内较早的知名电商平台,知名度高; 2.准入门槛低,个人及企业都可以入驻; 3.商品类及数量多; 4.有完整的商品评价信用体系。	1.同类商品数量多,同质化严重,购物体验稍差; 2.搜索排名及流量向天猫倾斜; 3.商品质量参差不齐,品质有差异; 4.客户忠诚度不高,信用存在刷单问题。
天猫	1.信用评价无负值, 0~5,全面评价交易行为; 2.店铺页面自定义装修,部分页面装修功能领先于普通淘店和旺铺; 3.商品展示功能全面,关键词搜索位靠前; 4.商品质量有保障,品质高。	1.开店成本高,启动资金数额大; 2.团队人员数量多,分工细; 3.推广费用高、扣点比率高; 4.达不到相应指标,强制关店; 5.准入门槛高,企业或品牌店可入驻。

(3)京东商城

京东商城网站首页如图1.1.2所示,是一家主流的B2C电子商务综合网上购物商城,销售超数万品牌、4 020万种商品,囊括家电、手机、电脑、母婴、服装等13大品类,凭借全供应链继续扩大在中国电子商务市场的优势。京东已经建立华北、华东、华南、西南、华中、东北六大物流中心,同时在全国超过360座城市建立核心城市配送站。

图1.1.2 京东网站首页

（4）全球速卖通

全球速卖通（AliExpress），正式上线于2010年4月，被广大卖家称为"国际版淘宝"。全球速卖通面向海外买家，通过支付宝国际账户进行担保交易，并使用国际快递发货，是全球第三大英文在线购物网站。

全球速卖通是中小企业接触终端批发零售商，实现小批量多批次快速销售，拓展利润空间而全力打造的融合订单、支付、物流于一体的外贸在线交易平台，是跨境电商学习和实践的主要平台，如图1.1.3所示。

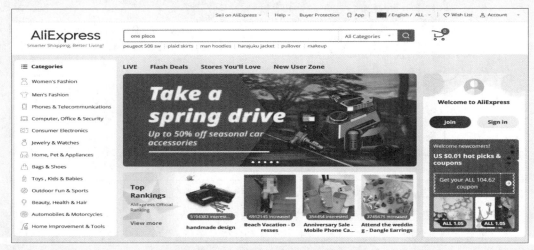

图1.1.3 全球速卖通网站首页

（5）拍拍网

拍拍网是腾讯旗下的一个卖家和买家互联互通的C2C网络购物平台，通过提供包括服装服饰、母婴用品、食品饮料、家居家装和消费电子商品等丰富的商品，全面满足消费者的需求。由于腾讯和京东的战略合作关系，目前拍拍网业务已经被京东商城重新布局调整，2015年12月31日停止提供拍拍网C2C模式的电子商务平台服务，仅可销售二手商品。

（6）易趣网

易趣网于1999年8月在上海创立，是中国最早的一家C2C电子商务购物平台。2002年，易趣与eBay结盟，更名为eBay易趣，并迅速发展成国内最大的在线交易社区。2006年12月20日，TOM公司开始接手易趣网，由于不了解中国市场的运作及面临来自淘宝网的竞争，易趣网营销一直处于下降趋势，目前易趣已正式退出中国市场。

（7）拼多多

拼多多是一家专注于C2B拼团的第三方社交电商平台，是国内主流的手机购物App，成立于2015年9月。用户通过拼多多发起和朋友、家人、邻居等的拼团，以更低的价格购买商品，旨在凝聚更多人的力量，用更低的价格买到更好的东西，体会更多的实惠和乐趣。通过沟通分享形成的社交理念，造就了拼多多独特的新社交电商思维。2018年7月26日，拼多多在美国上市。

（8）微店

微店是提供让微商玩家入驻的平台。类似PC端建站的工具，其不同于移动电商的App，主要利用HTML5技术生成店铺页面，更加简便。商家可以直接装修店铺，上传商品信息，还可以通过自主分发链接的方式与社交平台结合进行引流，完成交易。微店类似于移动端的淘宝店，主要就是利用社交分享、熟人经济进行营销。此外，有大量与微信接口的微店工具可以选择，使用简单，人人都能学会。

第2步： 通过查阅资料开展调查，了解适合职业院校学生网上开店创业的平台特点，选择网上开店平台。

根据调查与了解，适合职业院校学生网上开店创业的平台需要具有如下几个特点：

（1）网上开店平台的类型为C2C。作为职业院校学生，目前的年龄和身份还不具备注册公司及线下开店的条件，因此网站类型需为C2C模式，让学生能以消费者的身份开店创业。

（2）网上开店建议采用免费或者较低收费的平台。职业院校学生创业重在学习及实操实训练习，店铺盈利处于次要地位，因此，网站平台如果为高收费，则门槛太高，不适合绝大部分学生进行网上创业。

（3）需要有完善的支付及资金安全保障体系。互联网具有虚拟空间的特点，网上创业所选用的平台需解决网上支付的安全及信用问题，需要提供或者支持较为完善的支付体系，并且能保障资金的安全，这是网上创业的保障条件。

（4）网上开店平台所提供的商品品类丰富、质量好，用户群体数量众多。网上创业首选商品品类齐全及用户数量众多的平台，这样能保证创业的成功率。

结合网上开店平台的相关要求，以及对目前主流的网上开店平台的认识和了解，张小明团队初步确定选择淘宝网作为网上开店的创业平台。

活动评价

通过本次活动的学习，大家了解了网上开店平台的两种主要建站方式及各自的特点，同时也对目前主流的网店平台进行初步了解和分析，结合网上开店平台所具有的特点，最终确定将淘宝网作为团队网上创业的首选平台，团队明确了接下来学习的方向。

活动2　选择合适的网店商品

活动背景

张小明的创业团队在选定了淘宝网作为开店平台后,团队成员跃跃欲试,准备开店。在开店之前,创业团队还未能选定合适的商品品类,也缺乏有效的供货渠道。网店选品是网店运营成功的关键要素,选择有竞争力的商品是关键,本次活动我们将重点学习网店商品的特点及进货渠道。

活动实施

在网店开设前,首先要了解适合网上销售的商品的特点有哪些,哪些商品受到消费者的关注和喜爱。

第1步: 通过查阅各大购物网站,了解适合网上销售的商品特征。

网店的选品,尽量要避免选择店主不熟悉和不擅长的商品,要根据自身的兴趣和能力及货源而确定。让我们一起来认识和了解适合网上销售商品的特征,见表1.1.3。

表1.1.3　适合网销的商品的特点

适合网销的商品特点	特点描述
体积较小的商品	商品的体积和重量主要受制于物流条件,一般而言,体积较小、重量较轻的商品较容易包装和运输,且运费较低;体积太大、重量过重的商品存在不易包装、不易搬运、不易运输,且运费较高的劣势,一般这类商品更适宜大型的物流公司进行专业化的操作和运输。
体积较小的商品	商品的体积和重量主要受制于物流条件,一般而言,体积较小、重量较轻的商品较容易包装和运输,且运费较低;体积太大、重量过重的商品存在不易包装、不易搬运、不易运输,且运费较高的劣势,一般这类商品更适宜大型的物流公司进行专业化的操作和运输。
附加值高的商品	附加值高的商品单价也相对较高,不仅可以抵消部分运费,而且还可以保证店铺充足的利润;附加值较低的商品,利润空间不大,在商品销量较小的情况下,店铺的利润无法支撑店铺的运营成本。
个性化的商品	网络销售的商品由于同质化过于严重,引发了消费者的审美疲劳甚至影响购物体验。而个性化的商品一般在式样、功能、外观、品质、包装、设计等方面具有独特性,能有效满足消费者的各类需求,从而吸引消费者购买。
性价比高的商品	由于地域的不同,同一种商品的售价差距较大,对同质量的商品,线上价格往往比线下价格更具竞争力,商品的性价比较高,也会吸引大批消费者购买。

🗐 拓展思考

有哪些商品是网店禁止销售的?

网上开店要注意遵守国家的法律法规,不能销售以下商品:

(1)假冒伪劣商品;

(2)法律禁止或者限制销售的商品,如武器、文物、军事用品、毒品等;

(3)用户不具有所有权或支配权的商品。

第2步：查阅各大咨询公司提供的热销商品数据，确定比较畅销的商品类目，再结合自身特点，寻找合适且有竞争力的商品。

通过查阅资料，2021年淘宝网销量较好的类目有家用电器、手机通信、美妆个护、服饰配件、食品饮料、电脑办公、母婴用品、鞋靴箱包、3C数码、水果生鲜等类目，创业团队可根据这些畅销类目，结合自身实际情况，寻找合适的商品进行开店。

▱ 做一做

同学们根据淘宝热卖的商品类目，确定一个适合自己的商品类型，并说明为什么选这类商品。

第3步：寻找适合创业团队的进货渠道。

根据网上销售商品的特征及热卖类目，结合自身的优势和特点，创业团队需要确定网店的主营类目及具体商品。在完成了选品工作后，创业团队接下来要开始寻找货源。成本低、质量好的商品是网店进货的首选，如何选择合适货源，进货有哪些渠道，接下来让我们一起了解目前主流的供货渠道。

1.线下大型批发市场进货

批发市场具有商品数量多、种类全、价格便宜等特点，相对于新手买家来说，批发市场挑选余地大，货比三家，也比较适合学生这种初创团队，进货时间和进货数量都比较自由，批发市场的价格相对便宜，容易实现薄利多销。大多数城市都开设了各类商品的批发市场，线下进货也较容易实现，要注意挑选适合的商品以及与批发商进行合理的议价。

2.工厂拿货

一件商品从厂家到消费者手中，一般会经过多个环节，包括原材料采购、多级批发商、零售商，最后才能达到消费者手中，中间的每一个环节都会增加商品的成本，增加的成本一般都由消费者来承担。如果能从厂家直接拿到一手货源，且有稳定的进货数量，则能拿到非常理想的价格，如果能长期合作，还有可能优先拿到商品的最新款式及退换货的特权。但工厂拿货一般要求进货量较大，对于新卖家会有较大的库存和资金压力。

3.网络批发市场拿货

部分城市如没有对应商品的批发市场或不方便前往，可以通过网络批发市场进货。目前我国有阿里巴巴、慧聪网等较为成熟的网络批发市场可供选择。

▱ 拓展思考

网络批发市场相比传统批发市场有哪些明显的优势？

（1）成本优势

线上批发商品对比线下，省去了来回交通、住宿等成本费用。

（2）时间优势

线上挑选商品可以7小时×24小时，没有时间限制，往往能作更全面的对比和筛选。

（3）批发数量优势

网上批发的起批数量门槛较低，一般为10件以上起批，有些商品几件甚至1件起批。对于新卖家，网上批发降低了库存积压的风险。

（4）全网比价优势

网络批发，可以货比多家，商品比较更详细，批发价格更透明，能拿到较低的进货价格。

4.洽谈代理合作

对新手卖家,由于启动资金不足,店铺运营经验欠缺,不宜拿太多的货,以防卖不出去,造成货物积压。可通过线上或线下的方式联系销售企业或者生产厂家,洽谈代理合作事宜,将销售商品的利润进行合理分成,这样可以将风险降到最低。

▣ 友情提示

购物人群小贴士

在选择网上商品时,建议选择哪些商品?

(1)建议选择具有中国传统文化特色的产品,如陶瓷类产品,可选择景德镇瓷器;如中国传统手工产品,如刺绣、老北京布鞋、木雕等。如服装类产品,可选择中国旗袍、唐装、汉服等。

(2)建议选择代表中国先进生产力的产品。手机类产品,可优先选择国货之光:华为手机;无人机产品,可优先选择大疆无人机等。人工智能类,可选择科大讯飞周边产品。

活动评价

通过本活动的学习,可以帮助创业团队成员了解网络商品的特点及热卖商品的类目,同时给予创业团队进货渠道的指引,选对货选好货,对成功开店至关重要。

活动3 分析线上消费群体特征

活动背景

每一类商品都有不同的市场定位,以满足不同消费群体的多样需求。张小明创业团队确定了销售的商品品类后,需要结合商品的特征对目标消费群体进行定位,根据目标顾客对商品的特征或属性的重视程度,在网店运营中着力塑造特色鲜明、吸引眼球的商品卖点,并有效地传达给目标消费人群。

活动实施

不同店铺的商品,都有其特定的消费群体,因而需要做好前期的市场调查工作,本次活动主要针对消费群体的性别特征、年龄特征、职业特征等进行分析,从而掌握消费群体的各类信息。

第1步:了解消费群体的性别特征。

首先一定要清楚网店购物群体,明晰网店商品目标群体性别是女性,因为不同性别的人群在购物习惯和购物需求上有很大不同,了解男女购物习惯的差别,有助于店家认清目标消费人群,针对商品作更合适的优化,见表1.1.4。

表1.1.4 消费群体不同性别的网购特征差异

网购性别差异	性别差异特征(统计普遍存在的情况)
购物时间	男性比女性花费的时间更短。
购物目的性	男性比女性更直接,目的性更强;女性则更享受网上逛店挑选商品的过程。
价格敏感性	男性看中的商品,往往不是特别在意价格;女性喜欢的商品,可能更在意商品的价格,对价格更敏感。
商品的个性化	女性对商品的个性化要求一般比男性更高。

第2步：了解消费群体的年龄特征。

通过搜集整理资料，对消费者进行分析，可以发现网购人群在不同年龄段存在着很大差异。

（1）3岁以下幼儿及4~12岁的儿童：网店中幼童商品数量和种类繁多，但此类商品的购买人群并不是使用人群，而是孩子的父母，尤其以母亲居多。因此幼童商品的需求量较大，父母的购买力也很强，所以此类商品在网上较为热销。

（2）13~23岁的青少年：这类群体以学生为主，学生在校学习期间，收入有限，消费能力较弱，主要以购买学习、生活等刚需为主的商品，对高档商品的消费偏少。

（3）29~40岁的中年人：这类人群已是社会建设的主力军，有了相对稳定的收入，信息化应用水平较高，对商品质量、生活品质要求较高，购买中高档商品的频率偏高，此类人群购买意愿强烈，消费能力强。

（4）41~60岁的中老年：这类人群，由于信息化水平相对较弱，整体来说，更喜欢线下购物。因此虽然他们有了相当的积蓄，但是由于购物习惯的限制，这类人群线上的消费力有待进一步挖掘。

（5）60岁以上的老年人：这类人群基本进入老年阶段，由于接触电脑、手机较晚，大多数人不会使用网络购物，因此这类人群的商品购买者往往是其儿女，需要区分购买人群。

🖼 友情提示

购物人群小贴士

网上购物热情最高的两个群体，即"80""90后"的两代人。通过资料查找显示，这类人群在服装市场购物的比率最大，占到50%左右。这类人群追求个性和差异化，对价格不敏感，关注款式和规格，喜新厌旧的心理较为突出，花钱比较大方，明星效应强。因此服装网店的卖家在进货时更应关注时尚潮流款式，新颖个性的服装。其他类目的商品也应具有类似特点。

第3步：了解消费群体的职业特征。

我们也需要了解消费群体的职业分类，如学生、工作人群（蓝领、白领、金领）；从工作单位性质来看，可分为：政府行政人员，事业单位人员，国有大中型企业、中小企业、外资企业员工等。不同职业不同单位，消费需求和特点均不一样。

🖼 做一做

网购群体的职业特征具有哪些特点？请思考并分析以下两个内容。

（1）以消费群体的职业划分为学生、蓝领、白领、金领，试分析他们在消费购物时的不同特点。

（2）以消费群体的工作单位性质划分为政府行政人员、事业单位人员、国有大中型企业、中小企业、外资企业员工等，请分析他们在消费购物时的不同特点。

提示：以上两个内容从商品的个性化需求、价格敏感性、质量要求等方面分析。

活动评价

客户就是上帝，想要服务好消费者，必须要充分了解他们，才能做好网店商品的定位及在后续店铺运营中占得先机。

活动4 选择销售策略及盈利模式

活动背景

线上商品的定价范围较大,价格浮动也较为频繁,而商品的销售价格是消费者在选购商品时较为敏感的因素,因此,不同商品的定位应搭配合适的销售策略。张小明的创业团队在选好网店商品后,在商品定价上遇到了困惑,如何保证在商品价格具有一定优势的情况下,还能保证网店盈利,甚至获得较大的收益,通过本次活动的学习,可以进一步确定商品的销售策略及店铺的盈利模式。

活动实施

通过对淘宝网消费群体的分析表明:消费者对价格非常关注,不同的消费者对价格的敏感程度不一样。然而很多新手卖家却不知如何对店铺的商品进行定价,那么针对网店商品,我们该如何巧妙地定价?如何选择店铺的盈利模式?通过本活动的学习,来解决同学们的疑惑。

第1步: 通过比对各大网站商品定价的特点,掌握网上商品的定价策略。

1. 促销活动定价策略

促销活动的定价策略就是要制造价格亮点。制造价格亮点的方法多样,如暗降价、秒杀定价等。

暗降价的常用方法就是"满就送、满就减"。表面上看价格并没有变动,实则买家能直接看到商品的优惠,相比于直接降价,暗降价让消费者感觉得到了实惠,更能促进消费者的购买欲望,从而达到促销的效果。

秒杀定价,其目的是要制造火爆的销售场面,把销售中有成交记录的商品从原价降到非常超值的低价,设定有限数量和开始销售的时间,让众多参与的买家在刚开始销售时就抢拍一空,这也是目前较常采用的一种促销活动。

🗂 友情提示

秒杀定价的注意事项

店铺在开展秒杀定价时,需要注意:控制秒杀商品的库存量,建议仅拿出少量商品做秒杀,以免影响之前原价购买消费者的情绪,此活动重在引流。

2. 常规商品定价策略

常规商品的定价策略主要有成本导向定价法、尾数定价法、竞争导向定价法、分割定价法、特高价定价法、买家级别定价法等方法。各类方法介绍如下:

(1)成本导向定价法

成本导向即以进货成本为依据,加上利润来确定商品的价格,如图1.1.4所示。例如:进货成本是20元,根据网店的运营成本,平均分配到每件商品的费用大约为5元,则价格应定在25元以上,才能保证店铺有利润。

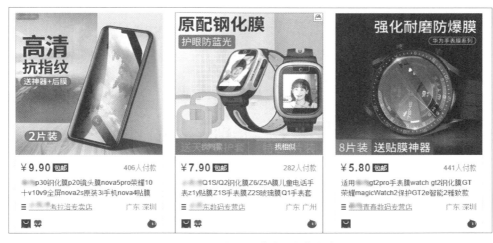

图1.1.4 手机膜的成本导向定价法

（2）尾数定价法

对价格较为敏感的顾客,可以将价格定在接近整数的数字,让顾客感觉到价格比较实惠。例如:10元的商品,将价格定在9.9元或9.8元;100元的商品,定价在99元或98元,这种定价方法给予买家"少一元,低一挡"的心理暗示,此种定价适合顾客对售价较为敏感的商品,如图1.1.5所示。

（3）竞争导向定价法

竞争导向定价法即参考同类商品卖家的定价来确定商品的价格。如市面上同一品牌的衣服,通过对比发现,相同型号其他店铺卖100~120元/件,那么本店定价95元/件就相对具有竞争力。当然这里还需综合考虑店铺信用、好评率及售后服务和运费等问题。

（4）分割定价法

分割定价法就是将价格很高商品的计量单位进行拆分,如变斤为克,从而使高价变成低价。这种定价法适用于贵重商品或购买量少频次多的商品。例如:冬虫夏草等名贵药材,可将计量单位从斤变成克,价格立刻从几万块变成百元左右,更容易让人接受,如图1.1.6所示。

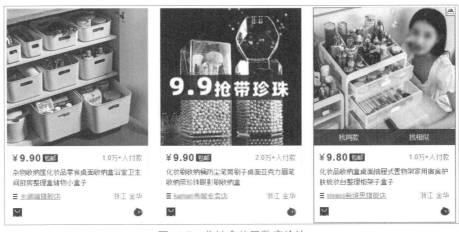

图1.1.5 收纳盒的尾数定价法

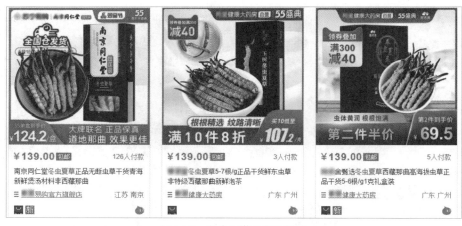

图1.1.6 冬虫夏草分割定价法

（5）特高价定价法

特高价定价法适用于独一无二的商品，稀缺商品才能卖出独一无二的特高价。即在新品或者限量商品刚投放市场时，把价格定得远高于成本，网店在短期内获得大量盈利，之后再根据市场行情的变化调整价格。例如，市面上刚推出一种高档的新款女装，数量很少，大部分网店都缺货，则该商品价格在上市初期可以定为高价。此种畅销商品一般不会强势太久，等到市场大面积铺货后，需要及时调整价格到正常售价。

（6）买家级别定价法

买家级别定价法是指根据买家在店铺的会员等级，如VIP会员，进行分级定价，会员级别越高，享受的折扣也相应越多。

第2步： 通过查阅资料以及探访网店经营者，了解网店盈利的各种模式，并寻找合适的一种或多种模式。

1.批发、低价走量模式

标准化或消费者对质量要求不高的商品，若有厂家一手货源，卖家就能够采用低价走量模式来经营网店，如玩具、文具、小饰品等。其优点是推广费用低、库存风险小，对技术要求不高、能以最简单的方式激发消费者的购物欲望。缺点是利润低且发货、生产、售后工作量大，还要求卖家尽可能争取较低的快递价格。

2.高利润、个性化独家模式

对质量过硬、个性化强、稀缺、限量、原创以及知名品牌的商品，适合采用高利润、个性化的独家经营模式。如限量版运动类商品或收藏品等。这种商品的特点决定了商品的定位较为高端，因而能吸引一大批高收入的消费群体，促使他们花费较多的资金购买有品质保障的商品，此类商品更适合高定价策略，从而实现高利润、个性化的定价模式。它们是网店利润的保障，但此种定价模式的缺点则是对店铺开发及运营要求高，投入大且成功率较不够高。

3.性价比模式

性价比模式目前是网店经营较为常用的一种定价模式。此模式的特点是相同质量的商品定价比同行便宜，或者相同价格的商品质量和性能比同行更好。如小米手机，在刚上市时，走的就是性价比模式，相同配置和功能的手机比其他品牌要便宜很多，或者花同样的钱能买到比其他品牌质量更好、配置更高的手机。这种性价比模式也是小米手机成功的非常重要的一个因素。这种定价模式更适合处在运营初期的网店使用，是增加网店人气及提高成交量及转化率的较为普遍的一种选择。当然，选择这种模式是以牺牲网店一部分利润作为代价的。

4.打造爆款模式

打造爆款目前是非常流行的一种网店运营模式。打造爆款的首要任务是店铺选品，需要根据商品的特点及人群的需求挑选几件可能会大卖的商品。选好商品后要针对目标群体做商品主图和标题等优化，接下来要着力进行宣传及推广，重点提升商品的点击率及转化率，要实时跟踪比对其他店铺相同或类似商品的动态以进行及时调整。通过这一系列方式实现单品的高人气、高销量。这种模式适合有一定网店运营经验、资金较为充裕的卖家。

活动评价

通过本次活动，让准备新开店铺的创业团队了解到商品的定价技巧以及由此而确定的网店盈利模式，这是网店持续经营的利润保证。

合作实训

请同学们以小组（6~10人）为单位，通过查找资料完成开店前的准备，撰写网店经营策划书，策划书需包含网店平台的选择、商品分析、目标人群分析、网店商品定价及盈利模式的分析，字数要求1 000字左右。

》》》》》》任务2
网店运营团队管理

情境设计

张小明的创业团队认真学习了网店定位和分析的相关知识，了解并掌握了网店运营前的各项准备工作，在储备了开店的相关知识后，规范的团队管理对开展网店运营的各项工作至关重要。一个有效的组织架构及合理的团队分工，是网店运营成功的团队保障，本次任务需要重点了解网店运营团队的组织架构及分工，实施创业团队的组建工作。

任务分解

张小明的创业团队在运营任务分工之前，通过搜索资料及走访企业，了解了国内电商企业的组织架构及岗位分工，认识了各岗位工作的职责及内容。团队成员需要完成：①掌握网店运营团队架构；②组建校园创业团队，明确团队成员分工及职责，以便有效开展网店运营各项工作。

活动1 掌握网店运营团队架构

活动背景

张小明的创业团队进行了一系列开店的准备工作后，团队成员的岗位及职责还未明晰，于是张小明决定对团队成员进行分工。在分工前，张小明通过走访当地企业及查找网络资料，了解了一般电商企业及小型项目团队的组织架构及职责，为接下来开展团队分工提供参考和依据，本次活动将带领同学们一起了解企业团队的组织情况。

活动实施

第1步: 通过查阅各大电商网站以及相关资料，了解常见电商企业团队的组织架构及其职责。

根据走访的电商企业反馈及网络资料整理，发现多数电商企业团队都设置了以下工作岗位，该架构主要适合中小型电商企业使用。团队架构及职责如图1.2.1所示。

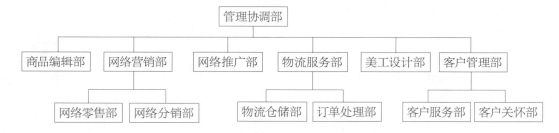

图1.2.1 常见电商企业团队的组织架构

各部门及岗位工作职责如下：

• 管理协调部（运营总监、财务总监）：由企业管理层组成工作小组，运营总监负责整个项目的运作及管理，工作内容包括战略规划、运营实施、项目监督、员工培训、管理部署、企业文化建设等，财务总监负责整个企业的营收、财务报表及营销决策支持等。

• 商品编辑部（视觉编辑师）：负责商品图片拍摄、处理，商品描述编辑，商品上架等。

• 网络零售部（零售主管、网络销售）：承担网上零售工作，负责在线答复客户、销售商品、订单处理等。

• 网络分销部（分销主管）：负责网络分销商的招募、管理、支持等。

• 物流仓储部（物流主管、配货员、打包员）：负责管理仓库，进货、打包发货、进销存管理等。

• 订单处理部（复核员、打单员）：负责打印发货清单、快递单、安排发货、监督运输等。

• 客户服务部（售前售后服务员）：负责接待售后客户，处理纠纷、退换货、评价管理、客户答疑等。

• 客户关怀部（客户关系管理员）：负责老客户关系维护及二次开发，客户数据库建立、数据分析、决策支持等。

• 网络推广部（商品推广）：负责品牌宣传推广，网络软营销、广告，网店运营、网店促销等。

• 美工设计部（美工若干）：负责商品图片编辑、网店装修与美化、市场营销工作的美工支持等。

第2步: 通过走访部分小型电商初创公司，了解小型项目团队的组织架构及其职责。

小型项目团队和常见电商企业相比,在组织架构及人员安排上都会相应简化,团队人员一般不超过10人,主要分为运营经理、客服、配送、美工、财务及推广等岗位。岗位架构如图1.2.2所示。

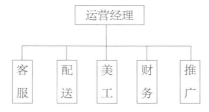

图1.2.2　小型项目团队组织架构

各岗位的工作职责如下:

• 运营经理:主要负责网店整体规划和决策,对美工、推广、配送、客服、财务等岗位进行统筹和管理,保证网店的正常运营。

• 客服人员

①通过在线聊天工具,负责在线上和顾客沟通,解答顾客对商品和购买服务的疑问;

②商品数据在线维护管理,登录销售系统处理订单、制作快递单、整理货物等;

③客户关系维护工作,在线沟通解答顾客咨询,引导用户在商城上顺利购买,促成交易;

④负责客户疑难订单的追踪和查件,处理评价、投诉等。

• 配送人员

①负责网店备货和物资的验收、入库、码放、保管、盘点、对账等工作;

②负责保持仓库内货品和环境的清洁、整齐和卫生工作;

③按发货单正确执行商品包装工作,准时准确地完成包装任务;

④准确在网店后台输入发货单号,更改发货状态,对问题件能及时处理。

• 网店美工

①负责网店商品上传宝贝的文字编辑及上传宝贝的相关工作,图片拍摄制作;

②根据主题需要完成店铺整体美化;

③根据文字需求完成网页平面设计,完成网页HTML编辑;

④商品图片拍摄及视频的美化、编辑等。

• 财务人员:主要负责网店运营中各项费用支出及销售收入的统计和计算,形成网店财务报表,为运营经理的经营决策提供财务依据。

• 推广人员

①负责不定期策划店铺营销活动;

②策划并制订网络店铺及商品推广方案(免费及收费推广工具)等营销工作;

③研究竞争对手的推广方案,向运营经理提出推广建议;

④对数据进行分析和挖掘,向运营经理汇报推广效果;

⑤负责对网店开展关键字策略优化、橱窗推荐、淘宝直通车、超级钻展、淘宝客等推广工作。

⊟ **拓展思考**

本次活动中列举的企业团队及小型项目团队的组织架构是否是一成不变的?

本次活动中给出的两个团队的组织架构是较为常见的架构,并不是一成不变的,各企业和项目团队可根据自身业务特点和不同情况进行岗位调整,只要便于团队管理和项目推进的调整都是可行的。

活动评价

通过本次活动,张小明的创业团队更清晰地了解了企业团队及小型项目团队的组织架构及职责,为学校运营团队的组建与分工做好了铺垫。

活动2 组建校园创业团队

活动背景

了解了电商企业和小型项目团队的组织架构及岗位职责后,"创业之星"团队对电商行业的人员结构有了充分的认识和了解,团队负责人张小明将根据企业的架构对团队成员进行合理分工,明确岗位工作职责,同时为了保证网店的有效运营,也需对网店成员进行管理和考评。

活动实施

第1步: 根据班级分组情况,组建班级创业团队,确定团队组织架构及岗位的设置。

1.校内创业团队的人员构成

张小明是电子商务班级的一员,他作为创业团队的队长,组建了一支名为"创业之星"的创业团队。在团队创业开始之前,为了更高效地制订创业计划、确定人员分工,开展创业活动,团队成员通过线上线下多种渠道了解了电商企业及小型创业团队的组织架构。一般来说,校内组建的创业团队,成员一般人数不多,比较符合小型项目团队的组织架构特征。张小明经过和团队成员的商议,决定采纳小型项目团队的组织架构,并根据自身实际情况进行细微调整,最终确定了店长、选品策划、美工、客服、推广、仓储配送、财务管理等岗位,并按照岗位要求挑选团队成员并组建创业团队。

2.校内创业团队的组织架构及岗位设计

鉴于校内创业团队成员的知识储备和能力特征,团队成员一般可由6~10名学生组成,根据各项目的特点,部分岗位可由一人或多人组成,这样的人员分配也较为符合校内班级的管理。按照网店运营的基本职能和岗位要求,将校内创业团队的组织架构设置为如图1.2.3所示。各项目团队也可根据自身业务的需要进行适当增减。

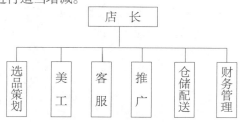

图1.2.3 学校创业团队的组织架构

第2步：确定创业团队成员的岗位职责。

根据学校创业团队的特点，确定各岗位的工作职责如下：

• 店长：主要负责网店运营方案和计划的制订、网店选品、美工与设计、营销与推广、仓储及配送、客户服务、网店财务管理等网店运营各项工作的管理，保证初创网店能正常运营，并根据网店运营出现的各种情况进行决策和管理。

• 选品策划人员：主要负责网店商品的定位、目标人群的选择、商品类别及具体商品的确定，对比商品的各种供货渠道，找到最合适的商品及制订最具竞争力的商品价格。

• 客服人员

①通过在线聊天工具，负责在线上和顾客沟通，主动介绍商品，解答顾客对商品和购买服务等疑问；

②商品数据在线维护管理，登录销售系统处理正在进行的订单、已完成的订单，制作快递单等；

③客户关系维护工作，问候及维护老客户，促进老客户复购；开发新客户，推送优惠等促销信息，解答客户疑问，引导用户在线下单，促成交易；

④负责客户疑难订单的追踪和查件，处理评价、投诉等。

• 仓储配送人员

①负责网店备货和物资的验收、入库、码放、保管、盘点等工作，并做好仓库的清洁卫生工作；

②按发货单，正确执行商品包装工作，准时完成包装任务；

③及时联系快递公司取件，准确核对快递地址等信息；

④在网店后台准确输入发货单号，更改发货状态，对问题件能及时处理。

• 美工设计员

①负责商品的拍摄与处理、商品图片精修、商品等文字编辑、详情页制作、广告图制作、商品上传等相关工作；

②根据店铺不同的主题活动，完成店铺整体美化装修；

③根据文字需求完成网页平面设计，进行网页HTML编辑；

④商品视频拍摄及直播等。

• 财务管理人员：主要负责网店运营中的收支管理、计算各种费用的投入、统计各项费用支出及销售收入等数据，制作网店财务报表，为店长对店铺经营决策提供财务数据支撑。

• 推广人员

①负责不定期策划店铺营销活动；

②策划并制订网络店铺及商品推广方案（免费及收费推广工具）等营销工作；

③研究竞争对手的推广方案，向店长提出推广建议；

④对数据进行分析和挖掘，向店长汇报推广效果；

⑤负责对店铺与标题关键字策略优化、橱窗推荐、搜索引擎营销、淘宝直通车、钻展、淘宝客等推广工作。

第3步：针对创业团队成员，实施团队成员管理及考核。

1.明确分工职责及任务

首先创业团队需要选定一位能力较强的成员担任店长。店长需要了解各个岗位的工作任务及职责,同时要肩负起整个团队的运作,肩负起统筹、协调、监督、检查的任务。由店长按照团队成员的人数及构成,进行团队组织架构搭建,并将岗位职责和工作任务进行划分。各团队根据人数的不同,可对岗位职责进行调整,可一人兼多个岗位,也可对一个岗位进行细分,由多人共同协作完成。在团队岗位和任务划分时,需要结合成员的特点及知识储备进行合理分工,保证每位成员都能在合适的岗位做出贡献。

2.及时完成项目任务

根据岗位职责及任务安排,网店成员需要及时完成店长交付的各类任务。由于店铺运营涉及各个部门的分工与协作,每位成员的工作都是整个链条中非常重要的一环,必须及时认真完成相关任务,否则会影响整个团队的运作效率和业绩。团队成员之间也可以定期进行岗位交换,以便更好地掌握不同岗位的特点及相关要求,提升个人技能。

3.团队成员业绩考核

店长需要制订团队成员业绩考核指标,以便更好地督促成员完成各自任务,同时也能对表现出色的成员进行有效的激励。业绩考核主要分两个维度:一是职业素养考核,二是KPI业绩考核;两个维度按照一定的权重进行计算,最后可以得出成员最终的业绩表现情况,对于业绩考核较好的成员进行有效的奖励,对于业绩考核较差的成员进行督促和提醒。

（1）职业素养考核

职业素养是职校学生今后走上工作岗位的非常重要的一项素质,也是其人生长远发展的必备素养,因此职业素养考核是非常必要的维度。职业素养考核可针对成员的出勤率、工作的态度和团队配合等方面进行考量。

（2）KPI业绩考核

KPI（Key Performance Indicator）,又称关键绩效指标,是企业及各类组织团队常用的一种考核方式,是通过对组织内部流程的输入端、输出端的关键参数进行设置、取样、计算、分析,衡量流程绩效的一种目标式量化管理指标,是把企业的战略目标分解为可操作的工作目标的工具,是企业绩效管理的基础。

针对校内网店项目运营团队,可制作项目及任务考核量化指标,按照成员的任务完成的数量及效果进行有效评价。

活动评价

通过本次活动,了解了企业和小型创业团队的组织架构及岗位职责,为校内创业团队搭建提供参考,同时通过创业团队的合理管理,为创业团队项目有效运作打下基础。

合作实训

请同学们以小组（6~10人）为单位,组建创业团队,并按照任务中的创业团队组织架构进行分工,并制订人员管理及考核方案,方案包括人员的具体分工、岗位职责、工作内容、工作要求、任务明细清单、任务完成数量、任务完成效果等。

>>>>> 任务3
网店账号的注册及认证

情境设计

张小明创业团队在掌握了网店定位、分析及开店前的准备知识后，组建了校内创业团队，并按照网店运营架构及职责对成员进行了分工，也制订了人员管理制度。经过团队成员的一致讨论，决定使用淘宝网作为团队的创业平台。淘宝网开店流程比较人性化，门槛并不高，张小明的团队跃跃欲试，准备在淘宝注册并认证店铺账号。接下来，就让我们一起来学习网店的注册及认证吧！

任务分解

张小明的创业团队即将着手开展工作，为了成功在淘宝网开始网店账号，接下来团队成员需要完成：①注册淘宝账号及支付宝账号；②认证并开启淘宝店铺，为成功开启网上店铺做好各项工作。

活动1　注册淘宝账号及支付宝账号

活动背景

在淘宝网开店之前，首先需要注册淘宝账号，其次需要申请淘宝网交易的第三方支付工具即支付宝账号。目前一切都已经准备就绪，团队成员准备开始注册淘宝账号和支付宝账号，为开店做好充分准备。

活动实施

开店之前，需要完成淘宝账号的注册，目前注册淘宝账号有两种方式：一是直接通过手机号码注册；二是通过电子邮箱注册。以下是注册淘宝账号的操作步骤（以手机号注册为例）：

第1步：打开浏览器窗口，在地址栏中输入淘宝网址，打开淘宝网首页，点击左上角的"免费注册"，如图1.3.1所示。在弹出的页面中，点击"同意协议"按钮，如图1.3.2所示。建议先阅读4个文件 "淘宝平台服务协议""隐私权政策""法律申明""支付宝及客户端服务协议"后再点击按钮。

图1.3.1　淘宝网首页注册

图1.3.2 阅读注册相关协议

第2步: 输入手机号码,拖动验证条,验证通过后点击"下一步"按钮,如图1.3.3所示,接着在弹出的页面中输入登录密码及设置登录名,如图1.3.4所示。

图1.3.3 输入手机号码

图1.3.4 设置会员名及登录密码

第3步: 填写银行卡及身份证号等个人信息, 填写手机接收到的验证码后, 设置该账号的支付密码, 点击 "同意协议并确定" 按钮后, 则注册成功, 如图1.3.5、图1.3.6所示。注册淘宝账号的同时也同步生成了支付宝账号。

□ 知识窗

密码设置要求

淘宝登录密码设置: ①密码为6~20个字符; ②密码只能包含字母、数字以及标点符号(除空格); ③字母、数字和标点符号至少包含两种。

淘宝支付密码设置: ①密码为6位数字; ②不要使用连续或相同的数字(避免使用银行卡密码或者生日等数字)。

图1.3.5 填写账号信息

图1.3.6 淘宝账号注册成功

☐ 拓展思考

在淘宝账号注册的过程中,银行卡、身份证与手机号之间有什么关系?

在淘宝注册验证过程中,需要填写身份证号、银行卡号以及手机号,不能随便填一个信息,三者之间必须是一一对应关系,银行卡必须是该身份证开户的银行卡,手机号也必须是该银行卡开户时绑定的手机号。如有一个条件不符合,则注册过程无法完成。

☐ 做一做

如果用电子邮箱注册该如何操作呢?

注册时,在输入手机号的验证码之后,选择"不是我的,使用邮箱继续注册",如图1.3.7所示;弹出邮箱注册页面,如图1.3.8所示,输入邮箱地址,则会发送验证邮件到注册邮箱地址,如图1.3.9所示;然后进入邮箱找到验证链接,打开后,按照上面手机注册的步骤继续注册就可完成。

图1.3.7 跳转邮箱注册

图1.3.8　邮箱注册页面

图1.3.9　验证邮件发送页面

活动评价

通过此次活动，同学们能掌握淘宝注册的两种方法，支付宝账号也同时生成了，离开店就又近了一步。

活动2　认证并开启淘宝店铺

活动背景

在完成了淘宝网和支付宝账号的注册后，距离开店还有最后一步，即完成淘宝的开店认证，创业团队需要准备注册人员的相关证件资料，以尽快完成淘宝开店认证。

活动实施

第1步：打开淘宝网首页，用已注册的淘宝账号、密码登录，然后选择右上角的"买家中心"，选择"免费开店"，如图1.3.10所示。

图1.3.10　免费开店入口

第2步: 在弹出的界面中单击 "创建个人店铺" 按钮, 在弹出的阅读开店须知页面点击 "我已了解, 继续开店", 如图1.3.11所示。

图1.3.11 阅读开店须知

第3步: 在 "申请开店认证" 的页面中显示需要先完成支付宝实名认才能接着完成淘宝开店认证, 如图1.3.12所示。点击 "立即认证", 在身份验证页面中上传身份证正反面照片 (照片上的文字信息要清晰) 及填写证件背面的有效期, 完成后点击 "确定提交", 如图1.3.13所示。接下来继续完成扫脸认证及银行卡认证, 如图1.3.14所示, 提交认证申请后, 一般两天左右可以完成认证。

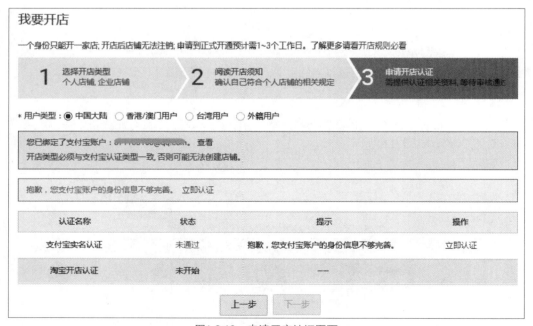

图1.3.12 申请开店认证页面

图1.3.13　身份验证页面

图1.3.14　完成扫脸及银行卡认证

支付宝及淘宝开店认证成功后，点击"创建店铺"按钮，即可创建店铺，如图1.3.15所示。

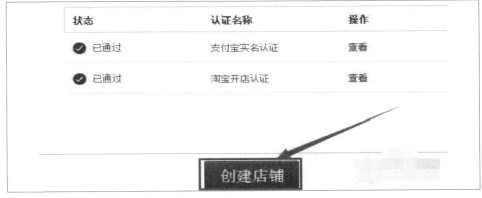

图1.3.15　支付宝认证及淘宝开店认证成功

⊟ 拓展思考

淘宝网站除了在PC端注册账号及店铺认证之外,还有没有其他方式?

除了在PC端淘宝网站进行账号注册开店外,还可以通过下载手淘App,在手淘App中进行账号注册及开店认证。通过手淘App进行注册和认证,程序更简单,可以试一试。

活动评价

通过本次活动,掌握了淘宝网及支付宝账号的注册方法与操作步骤,完成淘宝开店认证和开店前的各项准备工作后,接下来将开设并运营创业团队的淘宝网店铺。

合作实训

请同学们以6~10人为一组,组建创业团队,制订开店前的详细准备方案,包括网店商品的定位及竞争力分析,创业团队的人员分工及管理细则,以及完成店铺的注册及认证,方案字数2 000字左右。

项目总结

通过本项目的学习,创业团队对网店进行了定位分析,选择了合适的开店平台,了解到适合网上销售的商品特点以及拿货方式,掌握了线上消费群体的特征,探寻了在线销售的策略和定价方式,为开店前做了大量的知识储备。张小明组建了创业团队,确立了团队组织架构和管理模式,为网店开设做好了人员的储备。在团队成员的努力下,完成了网店账号的注册及开店认证,为接下来的开店做好了各种准备。

项目检测

1.单项选择题(每题只有一个正确答案,请将正确的答案填在括号中)

(1)以下哪一项不是第三方平台开店的优势?(　　)

　　A.不需要技术维护人员　　　　　　　　B.使用费用低

　　C.自带一定的流量　　　　　　　　　　D.可完全按照企业要求设计

(2)以下哪个网站不属于B2C平台?(　　)

　　A.京东　　　　　B.唯品会　　　　　C.淘宝　　　　　　D.华为商城

(3)以下哪种不是常见的网店进货方式?(　　)

　　A.线下批发市场进货　　　　　　　　　B.工厂进货

　　C.小超市进货　　　　　　　　　　　　D.批发市场进货

(4)在一般情况下,影响消费者网络购物的因素不包括(　　)。

　　A.性别特征　　　　　　　　　　　　　B.年龄特征

　　C.职业特征　　　　　　　　　　　　　D.消费者的心理素质

(5)以下哪个不是常见的学校创业团队的架构成员?(　　)

　　A.美工　　　　　B.客服　　　　　C.推广　　　　　D.消费者

2.多项选择题(每题有两个或两个以上的正确答案,请将正确的答案填在括号中)

（1）网上开店平台的选择有哪几种？（　　　）

  A.独立搭建网站开店   B.淘宝开店

  C.京东开店   D.拼多多开店

（2）以下哪些内容是网上销售商品的特征？（　　　）

  A.体积较小   B.附加值高

  C.个性化   D.性价比高

（3）以下哪些商品是国家禁止在网络销售的？（　　　）

  A.假冒伪劣   B.武器   C.文物   D.手机

（4）网络批发市场和线下批发市场对比，有哪些优势？（　　　）

  A.成本更高   B.挑选时间无限制

  C.起批数量少   D.能全网比价

（5）网络销售商品的定价策略有哪些？（　　　）

  A.成本导向定价法   B.尾数定价法

  C.分割定价法   D.随机定价法

（6）以下哪些属于网络促销活动？（　　　）

  A.秒杀   B.拍卖   C.包邮   D.满减

3.判断题（正确的画"√"，错误的画"×"）

（1）性价比模式是网店经营较为常用的一种定价模式。 （　　　）

（2）对质量过硬、个性化强、稀缺、限量、原创以及知名品牌的商品，适合采用低价促销的方式。 （　　　）

（3）选品策划人员主要负责网店商品的定位、目标人群的选择、商品类别及具体商品的确定。 （　　　）

（4）学校创业团队只能包含店长、美工、客服、推广、配送和财务人员。 （　　　）

（5）在淘宝上开店之前必须先注册淘宝账号和支付宝账号。 （　　　）

（6）目前淘宝账号只能通过手机号码进行注册。 （　　　）

4.简述题

（1）列举第三方网络开店的平台，并介绍其中三种平台的特点。

（2）阐述网络商品的定价有哪些策略，每种策略适合哪种类型的商品（每种策略举三个商品的例子）？

（3）结合自身情况，简述校园创业团队的组织架构及职责。

（4）结合社会主义核心价值观，简述在网上商店为什么不能销售伪劣产品。

项目1
项目检测答案

项目 2
网店设置及商品上架

▢ 项目综述

随着互联网的快速发展，互联网商业模式在各行各业得到应用和推广，现已成为国家经济发展中最活跃的一种业态。随着国家持续推动电子商务产业的发展，越来越多的网民选择网上开店创业，作为创业大军之一的职业院校学生张小明团队，已经掌握了网上开店及运营的基础知识，完成了网店账号及支付宝的认证，创建了团队的网上店铺。接下来团队成员将为网店起一个有辨识度的名字，撰写店铺设置简介和介绍管理图片空间，进行商品标题的设置、淘宝助理的操作、SKU的设置、运费设置及信用管理等工作，为店铺的运营打好基础。

店铺介绍该怎么写才能吸引顾客？什么样的标题才是合格的商品标题？店铺的运费模板如何设置？如何快速地将商品上架以及对SKU属性进行修改？网店遇到中差评如何处理等问题，我们将在本项目中和同学们一起学习。

▢ 项目目标

通过本项目的学习，应达到的具体目标如下：

知识目标
◇了解店名与店铺简介的写法
◇了解淘宝店铺基本信息的设置方法
◇了解图片空间的管理
◇掌握商品标题的设置方法
◇掌握淘宝助理上传商品的方法
◇了解SKU编辑
◇掌握设置运费的步骤

能力目标
◇掌握店铺起名的要点
◇掌握店铺简介的写法
◇了解并掌握图片空间的运用
◇掌握店标的设置并制作
◇掌握淘宝助理上传商品的具体操作步骤
◇掌握运费设置的关键点

升学考试目标
◇掌握店名、店铺简介和店铺介绍对于店铺运营的重要意义和常见的写法

◇掌握网店图片空间管理、维护和应用的方法及策略
◇掌握淘宝助理上架宝贝的方法和商品SKU的编辑
◇学会商品的标题及运费的合理设置,能制定网店商品运费的合理方案

素质目标

◇加强学生对中国文化的理解,在店铺设置过程中融入具有中国特色的企业文化
◇培养学生的法律意识,懂得诚信经营、用心服务的企业经营观念
◇发展学生应用所学技能分析问题、解决问题的能力
◇促使学生在技能的学习中提升团队合作素养
◇培养学生正确使用手机、网络学习的意识

项目思维导图

任务1
店铺的基本设置

情境设计

互联网的应用推动了电子商务的快速发展,网购在当下已经非常普及,深受消费者的欢迎。网上店铺数量众多,品类也不尽相同,如何让网店给消费者留下深刻印象,这是网店运营初学者的必修课。对于刚刚完成网上开店的张小明的团队来说,掌握店铺的基本设置是学习网店运营的基础。店铺基本设置不仅能够全面地展现店铺的经营类别,还可以比较直观地宣传店铺的优势及特点。接下来我们将学习网上店铺的基本设置和图片空间管理的方法。

任务分解

张小明的团队完成了网店的注册及认证后,接下来团队成员将开始店铺的基本设置操作,需要完成:①设置店铺基本信息;②管理图片空间,通过设置店铺的基本设置和图片空间的维护,以完成店铺的基本设置。

活动1 设置店铺基本信息

活动背景

店铺设置是网上开店的基础工作,可以为商家的店铺运营打下坚实的基础,还能体现出商家对店铺的重视程度,张小明的团队将对新开的网店进行基本信息的设置,通过店铺的设置,提高消费者对商家的信任度和好感度。

活动实施

1.设置店铺名称

成功开店之后,接下来将要设置店铺名称。对卖家而言,店铺名的设置至关重要,店名如同人名一样,在设置时建议融入一定的中国特色文化,这样能具有较强的吸引力和辨识度。给店铺命名时需要注意:突出店铺的品牌、经营理念和文化;突出店铺的竞争优势;突出商品和服务的特点、突出消费者的核心地位等。店铺起名时要注意简洁凝练、朗朗上口、有内涵、有创意、让人印象深刻。店铺名称一旦设置成功,只能通过淘字号来修改。

店铺名称设置入口为:登录"我的淘宝",进入"卖家中心"页面,单击后台左边的店铺管理下"店铺基本设置"字样,如图2.1.1所示。

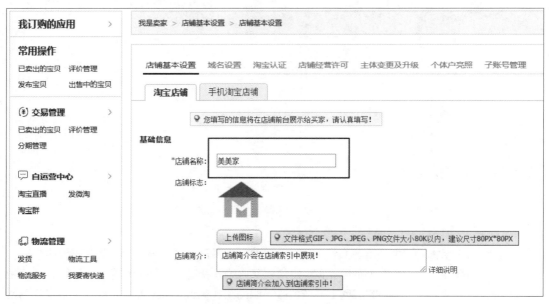

图2.1.1 设置店铺名称

2.设置店标

店标是指店铺的标志性图片,也即店铺、logo;一般在店铺的左上方出现,同时店标也可以作为个人空间里的头像。精致且有特色的店标能够让消费者对店铺的印象深刻,并能比较容易记住,从而提高店铺的知名度。所以制作一个漂亮且有创意的店标显得十分重要,也很有必要。接下来将介绍店标的设置步骤。

第1步:登录"我的淘宝",进入"卖家中心"页面,单击后台左边的店铺管理下"店铺基本设置"字样,如图2.1.2所示。

第2步：进入"店铺基本设置"页面，单击"店铺标志"后面的"上传图标"字样，如图2.1.3所示。

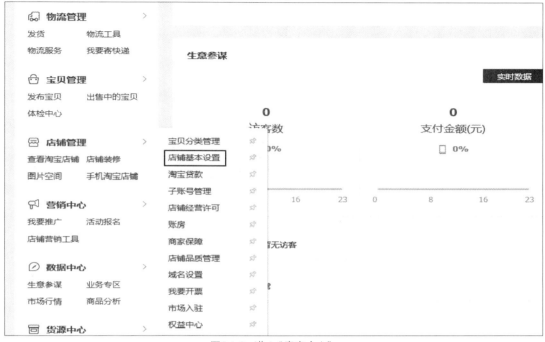

图2.1.2　进入"卖家中心"

图2.1.3　单击"上传图标"字样

第3步: 在弹出的对话框中找到店标图片所在的位置, 点击"打开"按钮, 如图2.1.4所示。

图2.1.4　选择店标文件

第4步: 在店铺基本设置中预览店标, 如图2.1.5所示, 设置店标成功。

图2.1.5　预览店铺店标

提醒: 在上传店标时, 文件格式需要为JPEG、PNG、JPG、GIF, 文件大小应该在80 kB以内, 建议尺寸为80像素×80像素。

3.填写店铺简介

店铺简介主要是为给消费者的一个店铺总体印象而进行的简短介绍。店铺介绍内容可以是店铺的发展及定位、主营类目、品牌、质量、促销手段和活动等。在填写店铺简介时一定要简明扼要、重点突出。比如，6月1日新品上市，不求利润、只求销量，不要错过哦! 这样填写可以更加明确说明店铺的经营特点，让消费者更加明确地了解店铺相关信息，如图2.1.6所示。

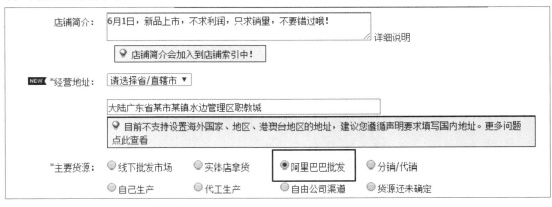

图2.1.6 店铺简介页面

4. 填写主要货源

主要货源填写的是网店商品的进货渠道，可供选择的有线下批发市场、实体店进货、自己生产、阿里巴巴批发、分销、代工生产、自由公司渠道、货源还未确定等方式，如图2.1.7所示，本店选择"阿里巴巴批发"。

图2.1.7 货源选择

5.设置店铺介绍

一个好的网店，就要有好的店铺介绍，店铺介绍非常重要，可以让消费者了解店铺，从而产生良好的印象，店铺介绍设置入口为：

登录"我的淘宝"，进入"卖家中心"页面，点击后台左边的店铺管理下"店铺基础设置"字样，如图2.1.8所示。

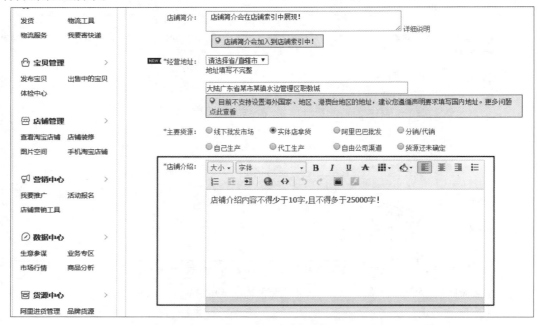

图2.1.8 输入店铺介绍

□ 知识窗

撰写店铺介绍有一定的方法和技巧，这里将列举4种写法，依次是详细型、简洁型、消息型、独特型，具体写法如下：

1.详细型

详细型店铺介绍，顾名思义就是较为详细地介绍店铺，内容则需从消费者的角度出发，围绕消费者关注的要点进行介绍，如关注商品价格，可与其他竞品进行对比，体现性价比；如关注商品质量，可从商品的原材料、生产研发过程、加工工序、商品质量检验等方面进行描述；如关注商品特性，可从消费者需求的角度重点介绍商品的功能和效果等；如关注商品的售后服务，可重点介绍店铺的退换货及保修政策等。

2. 简洁型

简洁型店铺介绍是指用简洁的文字描述店铺，可以用一句话再加上店铺的联系方式或名片等，突出重点即可。简洁型案例如下：

①欢迎光临本店！掌柜向大家承诺，本店销售的商品均为正品，支持专柜验货，假一罚十。各位亲放心购买。

②感谢亲光临本店，本店主营运动用品，诚信经营，支持七天无理由退换货。

3. 消息型

消息型店铺介绍主要是将店铺经营的一些重要信息发布给消费者，例如网店的促销和优惠活动等信息，通过高性价比的商品可以快速吸引消费者的关注，尤其是新客户的关注可以提升店铺的权重，同时也能促使消费者下定决心购买商品。

4. 独特型

独特型店铺介绍是把自己店铺的特色、优势等展示在店铺中，比如店铺中的人气商品、服务优势、特色商品等。

总结一下，在撰写店铺介绍时，要尽量体现店铺的经营特色，如正品、国货、性价比高、品类丰富等特点。同时还要尽量挖掘店铺经营理念与体现中华民族伟大复兴的主旋律之间的内在联系，如人民生活富裕，社会高质量发展等，比如，可体现人民对产品质量要求更高，对产品的个性化提出新要求、对产品的民族情结有要求等情况，将其融入店铺介绍内容之中。

活动评价

通过此活动的学习，我们对淘宝店铺的基本设置有了一定的了解和认识，并学会了操作方法，同学们为店铺运营迈出了成功的第一步。

设置店铺
图片空间的设置

活动2　管理图片空间

活动背景

张小明创业团队在完成店铺的基本设置后，需要将商品进行上架，以及接下来对店铺进行装修。图片是最重要的素材，如何对店铺所用到的图片进行分类管理，将是本次活动主要学习的内容。

活动实施

图片空间可以存放店铺使用的所有图片，如店铺装修用到的图片素材（如主图、副图、店铺公告图、促销图等），图片空间的运用和管理至关重要。需要注意的是，图片空间被引用的照片一旦被删除，店铺内该图片将不再显示。删除图片时要慎重，不要删除已经被使用的图片。接下来让我们一起了解店铺的图片空间。

1.图片空间的入口

点击"卖家中心"——"店铺管理"——"图片空间"，即可进入图片空间。

2.图片空间的功能

进入"图片空间"，把鼠标光标放在页面顶部的"更多设置"上，出现菜单：授权店铺管理、水印设置、网店秀。店铺内需要的所有图片都可以提前上传然后再引用，如图2.1.9所示。

图2.1.9　淘宝图片空间首页

第1步: 点击授权店铺管理。

点击授权店铺管理,可以添加授权店铺使用本店铺里面的图片。淘宝规则要求,不能盗用其他店铺图片,需要通过授权才能引用,添加授权店铺的会员名称就可以使用了。注意,店铺信誉要在一钻以上才可以使用授权功能。

第2步: 进行水印设置。

点击"水印设置"进入设置页面,可以添加文字水印或图片水印。添加水印后,确定保存。之后上传的新图片,系统将自动加上设置好的文字水印或图片水印,不需要手动为图片添加水印功能。

第3步: 网店秀编辑。

网店秀是图片在线编辑工具,针对一些图片作简单的处理操作,比如添加边框、添加文字、拼接图片等。

第4步: 上传图片。

在"图片空间页面"单击上传按钮,选中需要上传的图片,上传到图片空间里。如果图片数量较多,可通过新建文件夹,将图片进行归类存放。创建文件夹有两种方法:一种是在首页左边的"全部图片"上右击,在弹出的窗口中点击"新建"按钮;另一种方法是直接在首页右边点击"新建文件夹"按钮,如图2.1.10所示。

图2.1.10 上传图片页面

活动评价

通过此活动的学习,让同学们了解淘宝店铺图片空间的功能及使用方法,学会使用和管理图片空间,为店铺运营做好图片的各项准备。

合作实训

通过对班级成员进行分组,以6~10人为1组,各小组合作完成网店的设置,根据本次活动的要求,分别完成店名、店铺介绍等设置,收集并制作店铺运营所需用到的各类图片,上传到图片空间,并按照活动要求进行分类管理,在全班同学前各小组代表对网店的设置进行分享和展示。

>>>>>>> 任务2
商品上架

情境设计

> 张小明团队已做好了开店的各项筹备工作，淘宝店铺已完成认证，团队已有了属于自己的网上店铺，找好了货源，把商品图片上传到了图片空间，完成了店铺名称及店标等要素的基本设置。接下来这个团队的任务是让店铺的资料更加完善，团队成员需要将整理好的网店商品资料上传到店铺，并在店铺中呈现。

任务分解

> 张小明团队已经准备好店铺和商品，即将完成商品上架任务，团队成员接下来需要完成：①确定商品的标题；②上传宝贝；③编辑宝贝SKU；④设置宝贝运费，通过上架及编辑商品信息，为店铺装修和运营打好基础。

活动1　确定商品标题

活动背景

团队成员已经建好店铺，做好货源准备，开始上架商品。上架商品首先需要根据商品的品牌、属性等特点确定标题，这里将以一件代发和自有货源为例说明。

商品上架——商品标题的设置

活动实施

不同货源商品的标题也有所不同，一般将货源分为线上分销及自有货源。线上分销以阿里巴巴为主，自有货源主要分为自己拿货、工厂生产等线下渠道商品。不同的货源涉及不同的商品标题，也会出现两种类型。一种是一件代发或线上分销商品，因为代理商已经将商品标题及图片等资料制作完成，卖家可根据需要修改；另一种是自有货源，商品标题需要自己确定。

1.一件代发的宝贝标题（以阿里巴巴货源作为演示）

第1步：打开阿里巴巴首页，用淘宝账号登录，点击右上角的"我的收藏"——收藏的供应商"，如图2.2.1所示；然后找到自己收藏的供应商，如图2.2.2所示。

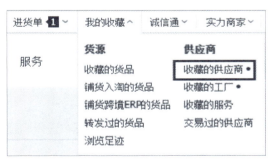

图2.2.1　收藏的供应商

图2.2.2 找到自己收藏的供应商

第2步：选中一件代发宝贝，进入宝贝详情页，找到"一键铺货"，如图2.2.3所示；点击"传淘宝"，确认代销，进入"查看商品" → "我的已铺货宝贝"，如图2.2.4所示。

图2.2.3 一键铺货

图2.2.4 已铺货的宝贝

▢ 知识窗

一件代发宝贝标题设置要求

设置要求：①注意删除一件代发、批发等字眼；②查找同款，参考修改；③尽量减少字母、数字、字符等；④尽量做到写满30个字，60个字符。

第3步：这时也可以点击"千牛卖家中心" → "宝贝管理" → "仓库中的宝贝"，找到要代销的商品，如图2.2.5所示；点击编辑宝贝。然后进入宝贝发布进行标题设置，如图2.2.6、图2.2.7所示。

图2.2.5 宝贝管理——仓库中的宝贝

图2.2.6 商品上架入口

图2.2.7 编辑信息——商品标题

2. 自有货源的宝贝标题

第1步: 先打开淘宝网,登录自己的店铺,点击"千牛卖家中心"→"商品管理"→"发布商品",如图2.2.8所示,进入商品发布界面。

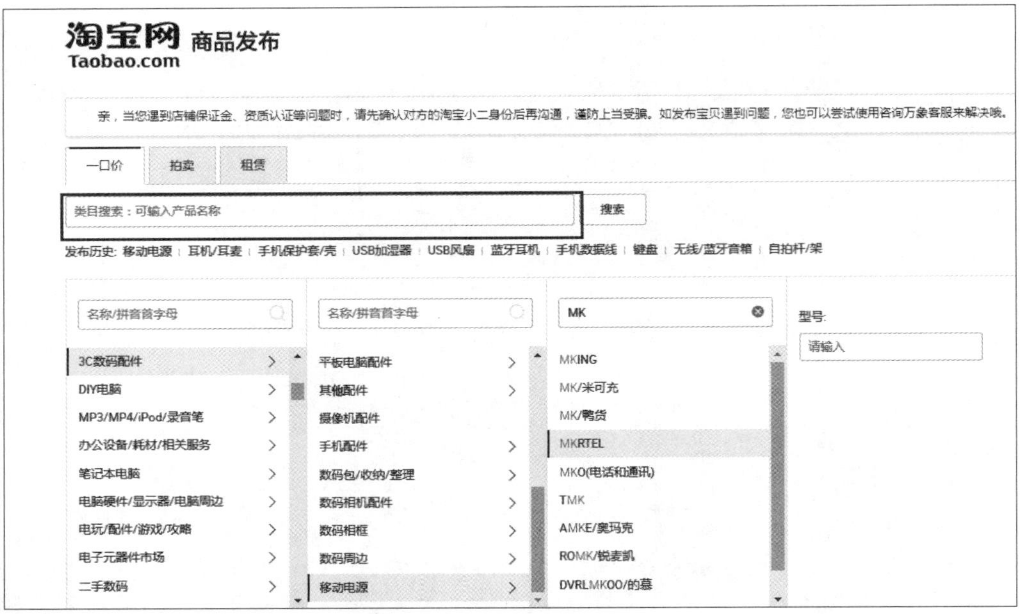

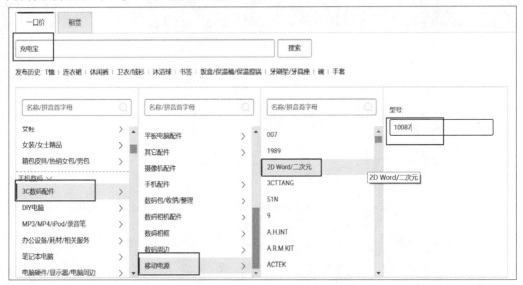

图2.2.8　商品发布

第2步：类目设置。在宝贝发布界面中输入商品名称搜索类目，以充电宝为例，如图2.2.9所示，操作后，点击"下一步"按钮，发布商品。

图2.2.9　宝贝发布——类目设置

第3步：设置标题。进入基础信息，填写"宝贝标题"，如图2.2.10所示。

图2.2.10 宝贝发布——标题设置

□ 知识窗

自有货源的宝贝标题设置要求

设置要求：①可以参考淘宝首页的关键词提示，如图2.2.11所示；②查找同款，参考修改；③尽量多用商品的品牌及属性词；④尽量做到写满30个字，60个字符。注意，宝贝标题尽量要体现宝贝特征和属性关键词，但不能使用夸张的手法，虚假宣传，与商品本身不符，也不能使用广告禁用词，做到真实宣传，实事求是。

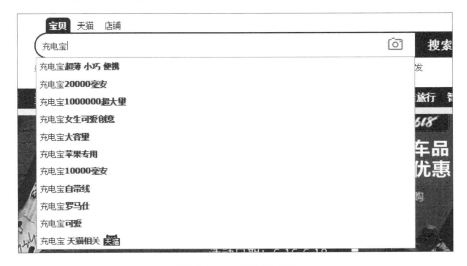

图2.2.11 参考淘宝首页

活动评价

通过此活动的学习，我们对宝贝标题有了一个大概的了解，知道了发布宝贝里的宝贝标题设置的最基本方法，对标题关键词的优化，将在后续活动中进行深入学习。

活动2 上传宝贝（淘宝助理）

活动背景

团队成员已经建好店铺，准备好货源，在学会了宝贝标题的设置后，接下来将详细介绍店铺宝贝的上传，这里主要介绍通过淘宝助理进行宝贝上传。

活动实施

淘宝助理是一款免费客户端工具软件，可以直接编辑宝贝信息，快捷批量上传商品。本次活动我们将重点学习淘宝助理上传宝贝的功能，熟练掌握淘宝助理的宝贝管理功能。

第1步：用淘宝账号登录淘宝助理，了解淘宝助理的界面信息，如图2.2.12所示。

图2.2.12 淘宝助理首页

第2步：找到宝贝管理。如果宝贝已经上传到卖家中心的仓库中，可以点击仓库中的宝贝，如图2.2.13所示；如果宝贝没有上传到卖家中心的仓库中，也可以点击本地库存宝贝的创建宝贝，但只能单个添加，如图2.2.14所示；还可以通过导入CSV文件进行上传，CSV文件是一个包含图片等宝贝信息的一个数据包文件，选中打开即可，如图2.2.15所示。

图2.2.13 宝贝管理——线上仓库中的宝贝

图2.2.14　宝贝管理——本地库存宝贝

图2.2.15　宝贝管理——导入CSV

第3步： 导入CSV后，可以单个宝贝编辑，也可以批量选中宝贝编辑。单个编辑这里就不再赘述，重点介绍批量编辑的操作方法。

批量编辑的操作方法：进入淘宝助理，先同时勾选多款宝贝或直接勾选宝贝标题，再点击"批量编辑"。批量编辑的选项有标题、宝贝数量及价格等多种信息，这里主要介绍编辑标题，其他属性可参考操作，如图2.2.16所示。

图2.2.16　宝贝管理——批量编辑

批量修改宝贝标题主要适用于需要统一添加后缀或者前缀的情况。一般是在重大节日或促销活动，如"618"等，就需要批量编辑标题。标题修改方式有两种：一种是增加前缀和后缀，直接勾选后在相应文本框添加需要增加的文字信息；第二种是查找并替换，即找到需要替换的文字信息，全部替换，如图2.2.17所示。

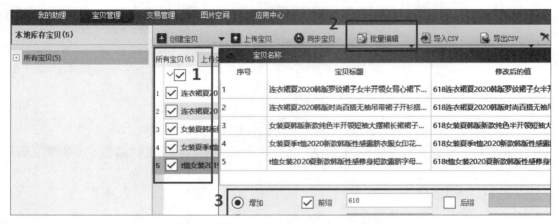

图2.2.17　宝贝管理——宝贝标题增加前缀后缀

□ 知识窗

淘宝助理上传商品显示上传不成功的原因

淘宝助理上传商品显示上传不成功的情况主要有：

①显示提示内容非来自淘宝网——说明宝贝图片没搬家；

②显示提示属性错误或不完整——需要修改完善属性；

③显示销售属性错误——一般是宝贝价格有问题。

如果还有其他不成功的情况，可以通过网络寻找解决问题的方法。

活动评价

通过此活动的学习，对如何通过淘宝助理上传宝贝有了初步的认识，淘宝助理功能丰富，其他功能还需要各创业团队在实际操作中学习并运用。

活动3　编辑宝贝SKU

活动背景

宝贝在上传的过程中会遇到很多问题，而编辑销售信息也是非常重要的，销售信息的设置甚至会影响宝贝的展现、引流、排位等问题，那么如何进行商品信息编辑呢？张小明团队成员将首先了解宝贝SKU编辑。

活动实施

1.SKU定义

SKU在淘宝上是指宝贝的销售属性集合，供买家在下单时点选，如"规格""颜色分类""尺码"等。在淘宝,部分SKU的属性值可以由卖家自定义编辑,部分不可编辑。宝贝SKU图主要是帮助消费者去选择宝贝的不同颜色和规格等,例如口红的色号、衣服尺码的大小等。完成SKU编辑后发布商品页面,如图2.2.18所示。

图2.2.18　商品SKU展示

2.宝贝SKU的编辑

第1步: 在发布宝贝的编辑页面下的销售信息栏目,就可以看到宝贝的颜色、尺码信息等的填写。在SKU颜色编辑的最底部,有一个空白区。在此空区里,可以选择输入颜色的名称,也可以选择系统里自带的颜色并插入相应的图片。在没有图片的情况下,只需输入名称即可,如图2.2.19所示。

编辑商品
SKU实操

图2.2.19　宝贝SKU颜色编辑

第2步： 输入宝贝名称和插入图片后，还需要给SKU输入一口价、库存数量等信息。当页面往下滚动时，就可以找到输入一口价、库存数量的区域，如图2.2.20所示。

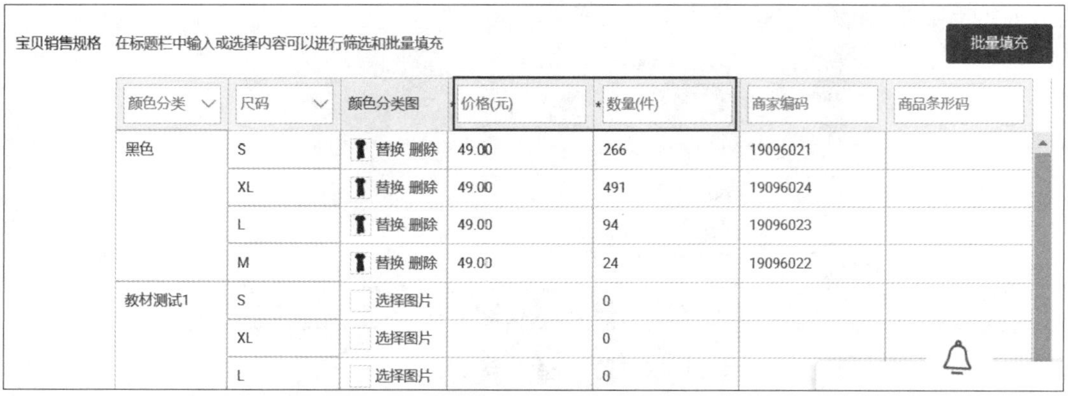

宝贝销售规格	在标题栏中输入或选择内容可以进行筛选和批量填充						批量填充
颜色分类 ∨	尺码 ∨	颜色分类图	★价格(元)	★数量(件)	商家编码	商品条形码	
黑色	S	替换 删除	49.00	266	19096021		
	XL	替换 删除	49.00	491	19096024		
	L	替换 删除	49.00	94	19096023		
	M	替换 删除	49.00	24	19096022		
教材测试1	S	选择图片		0			
	XL	选择图片		0			
	L	选择图片		0			

图2.2.20　宝贝SKU一口价、库存数量编辑

第3步： 进入尺码区域完成尺码编辑，如图2.2.21所示；在尺码编辑设置中添加尺码，可以选择系统尺码尺寸表里的尺码模板，如图2.2.22所示。

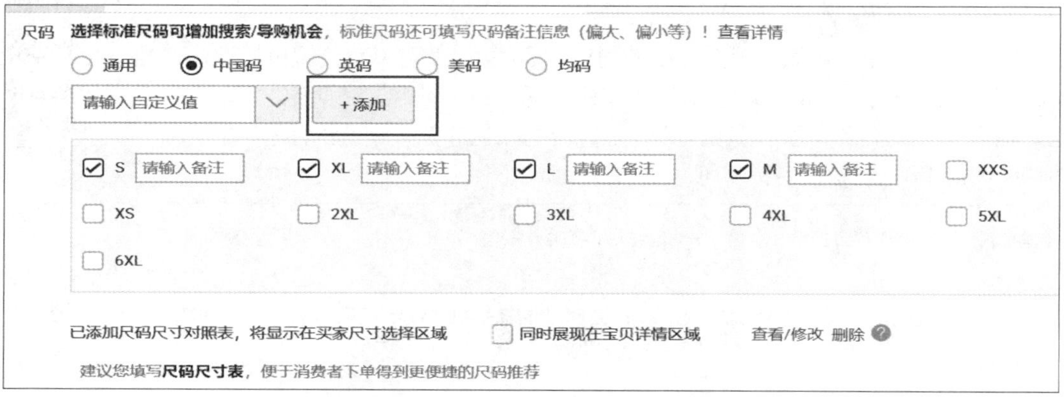

图2.2.21　宝贝SKU尺码编辑

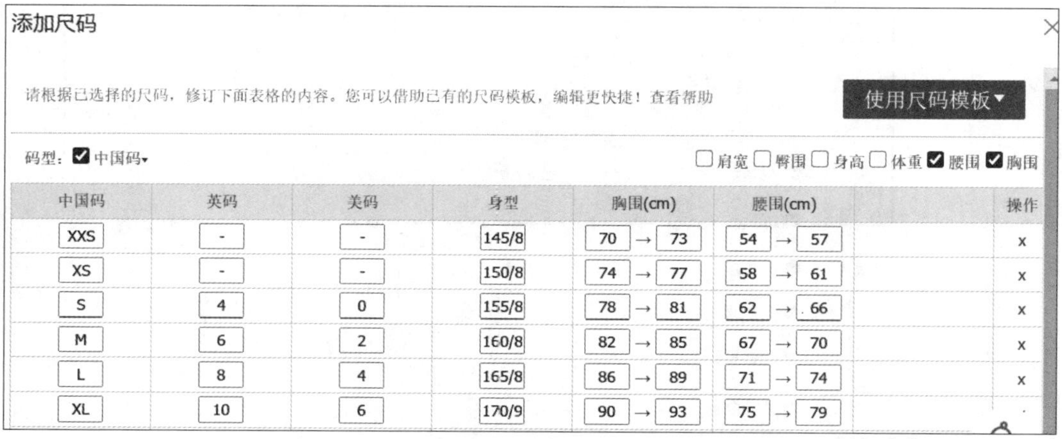

图2.2.22　添加宝贝尺码

第4步：完成SKU的编辑后，继续完成宝贝的电脑端详情、手机端详情、物流信息、售后管理等就可以点击发布商品。

□ 知识窗

淘宝修改SKU对宝贝权重的影响

SKU的修改对宝贝权重是有影响的，下面简单介绍两种情况。

（1）当原宝贝链接中无颜色、无尺码时。如果单独增加尺码或颜色，原来宝贝的SKU ID会改变，那么原宝贝权重值也会改变。

（2）当原宝贝链接中有颜色、无尺码时。如果增加或减少尺码，原宝贝SKU ID会改变，那么原宝贝权重值也会改变。如果增加颜色或减少颜色，原宝贝SKU ID不变，那么原宝贝的权重值不变。

活动评价

通过此活动的学习，张小明团队对宝贝SKU编辑有了初步掌握，可以在往后的实践中针对不同类目宝贝进行SKU编辑，力求将宝贝的属性更完整地展现给消费者。

设置宝贝
运费实操

活动4　设置宝贝运费

活动背景

张小明团队已经完成了店铺的基本设置，对宝贝如何上传有了一定的概念，但却遗忘了一件非常重要的工作，即运费设置。因为在上传宝贝时有运费模板的选择，如果不根据实际情况设置运费，会导致销售时出现错误，因此运费设置也是非常重要的。

活动实施

网店需要设置不同的运费模板，因为有些偏远地区，如新疆、西藏等可能不包邮，并且也有一些宝贝比较特殊，也可能支持货到付款的操作，店铺运营者需要设置不同的运费模板，那么该怎么具体设置呢？

第1步：进入"卖家中心"→"物流管理"→"物流工具"→"运费模板设置"→"新增运费模板"，可以增加属于自己的运费模板，也可以在系统自带的运费模板上修改，如图2.2.23所示。

图2.2.23　新增运费模板

第2步： 根据店铺实际情况设置运费模板的基本信息，如模板名称、宝贝地址、发货时间（一般48小时左右）、是否包邮（若选择卖家承担运费，那就是全部都包邮）、计价方式（按照店铺宝贝的实际情况选择），如图2.2.24所示。

图2.2.24 运费模板的基本信息

第3步： 在运费模板中设置包邮，方法有两种。

第一种是直接设置包邮：在快递运费里输入0元，即表示运费都是0元，表示包邮，如图2.2.25所示。

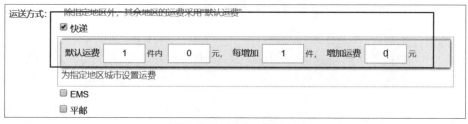

图2.2.25 运费包邮设置

第二种是指定条件包邮：在"商家中心"→"物流管理"→"物流工具"→"运费模板设置"页面最下方，有指定条件包邮。在"编辑"里面，选择需要满足不同包邮条件的地区，选择好地区后，在"设置包邮条件"中，设置包邮条件或金额，如图2.2.26所示。

图2.2.26 指定条件包邮设置

第4步：偏远地区和海外地区不包邮运费的设置方法。

通过"卖家中心"→"物流管理"→"物流工具"→"运费模板设置"→"运送方式"→"快递"→"为指定地区城市设置运费"，可选择指定地区设置运费，进行批量操作，根据快递公司的运费价格设置，如图2.2.27、图2.2.28所示。

图2.2.27　选择物流区域

图2.2.28　指定地区不包邮

▢ 知识窗

运费模板设置的注意事项

运费模板设置时如果是在阿里巴巴拿货并委托发货，那么在设置运费时就要考虑代理商的运费，根据代理商提供的运费来设置。若想包邮，在商品定价时就需要考虑物流成本。

如果是店铺自己发货，就要根据与当地物流公司协商的运费来设置，在设置运费时一定要综合考虑实际情况，避免因为运费设置不合理造成亏损。

活动评价

淘宝宝贝运费的设置是同学们学习的第一步，也是最基础的知识。张小明创业团队可以根据实际情况去调整运费设置，同时也可以检验学生的灵活应变能力。

合作实训

（1）为了增加销量，创业团队计划在店铺介绍和宝贝SKU编辑中进行夸张、夸大宣传以及虚假信息的编辑和设置，请各小组从诚信经营和对消费者负责的角度进行阐述这种做法，并形成1 000字的文本，进行组间交流。

（2）创业团队为了减少工作量以及使用更为漂亮的宝贝图片，盗用其他店铺的宝贝图片，放在自己的店铺使用，请各小组从尊重知识产权的角度分析这种做法，并形成1 000字左右的文本，并进行组间交流。

项目总结

本项目从创立淘宝店铺，设置店铺基本信息、上架商品，设置运费模板等方面让学生掌握网店设置的基本知识和技能，让学生完成从理论到实践的有机统一。通过学习，重在培养学生的动手能力、分析问题、解决问题的能力，以及培养学生诚信、合法经营的品质，在网店设置中精益求精的工匠精神等职业素养，更好地满足企业对人才的需求。

项目检测

1.单项选择题（每题只有一个正确答案，请将正确的答案填在括号中）

（1）发布商品时标题名称最多可以容纳多少个汉字？多少字节？（　　　）

　　A.30；60　　　　　　　　B.30；50　　　　　　　　C.20；40　　　　　　D.40；80

（2）设置运费模板在卖家中心左侧栏以下哪个入口点击进入？（　　　）

　　A.我要推广　　　　　　B.店铺基本设置　　　　　C.物流工具　　　D.图片空间

（3）有关运费模板的描述中错误的是（　　　）。

　　A.可以按照城市设置邮费　　　　　　　　B.可以按照地域设置邮费

　　C.可以按照物流方式设置邮费　　　　　　D.能够帮助卖家节约时间

（4）以下商品发布，选择正确类目的是？（　　　）

　　A.农产品地瓜发布到保健食品类目　　　　B.高跟鞋发布到运动鞋类目

　　C.T恤发布到男装类目　　　　　　　　　D.速溶咖啡发布到茶类目

（5）以下哪一种不符合店铺介绍的常见写法要求？（　　　）

　　A.夸大型　　　　　　　B.详细型　　　　　　　　C.简洁型　　　D.独特型

（6）在以下几种商品中，哪个是淘宝网的禁售商品？（　　　）

　　A.剪刀　　　　　　　　B.弹簧刀　　　　　　　　C.菜刀　　　D.指甲刀

2.多项选择题（每题有两个或两个以上的正确答案，请将正确的答案填在括号中）

（1）在出售中的商品里可以操作的是哪些？（　　　）

　　A.商品批量下架　　　　　　　　　　B.商品批量设置促销

　　C.商品批量更改销售属性　　　　　　D.商品批量更改描述

（2）网上银行可以为客户提供（　　　）等服务项目。

　　A.查询账户　　　B.网上支付　　　C.投资理财　　　　D.跨行转账

（3）以下哪些是常见的淘宝货源渠道？（　　　）

　　A.线下批发市场　　B.产品分销　　C.阿里巴巴批发　　　D.厂家拿货

（4）下面哪些商品禁止在淘宝网上出售？（　　　）

　　A.背包　　　　　　B.烟花鞭炮　　C.仿冒名牌鞋子　　　D.高跟鞋

（5）设置运费模板的操作流程是（　　　　　）（请将选项顺序填在框内）。

  A.点击"物流工具"　　　　　　　　B.进入卖家中心

  C.点击"新增运费模板"　　　　　　D.点击"运费模板设置"

3.判断题（正确的画"√"，错误的画"×"）

（1）淘宝会员名注册成功后可以修改，选择你喜欢并能牢记的，推荐使用中文会员名。

                     （　　　）

（2）商品标题可以写"国家级""历史最低价"等关键词。　　　　（　　　）

（3）一旦出现交易争议或者纠纷，阿里旺旺的聊天记录可以作为证据举证。　　（　　　）

（4）一个实名身份证只能注册一家淘宝网店。　　　　　　　　（　　　）

（5）店铺招牌是在"仓库中的商品"里设置的。　　　　　　　　（　　　）

（6）带有兴奋剂的咖啡在淘宝上是允许出售的。　　　　　　　（　　　）

4.简述题

（1）创建淘宝店铺后，店铺的基本设置包括哪几项？

（2）什么叫SKU？

5.趣味挑战题

（1）你对新店扶持是怎样理解的。

（2）写出网上开店的基本流程。

项目2
项目检测答案

项目3
网店装修思维

▢ 项目综述

张小明的创业团队已完成了开店前的各项准备工作，搭建了创业团队架构，也找到了合适的货源，目前淘宝店铺已成功创建，并完成了商品的上架。接下来将对网店进行装修及美化，团队成员结合已掌握的Photoshop软件操作方法和技巧，将要对店标、店招、商品主副图、宣传海报、详情页等网店要素进行装修和设计，由于缺乏网店装修的技巧和经验，创业团队与当地知名电商企业"拼淘淘网络科技公司"取得联系，希望能得到企业美工人员的指导，提升网店装修的水平，同时也通过动手练习，培养创业团队的工匠精神和劳动素养。

张小明团队成员跟随企业设计总监将要学习网店装修的技巧，网店装修除了要学习作图的方法和技巧之外，更重要的是需要培养网店装修的思维，让网店装修"能说话"。本项目将紧紧围绕网店装修思维，重点学习网店色彩设计思维和网店装修设计思维，通过网店装修思维的训练，提升网店装修的整体水平和效果。

▢ 项目目标

通过本项目的学习，应达到的具体目标如下：

知识目标

◇了解色彩的分类、色彩的模式、认识色环、色彩的情感

◇了解六基色的特点及适用范围

◇了解网店促销海报设计与常规海报设计的区别

◇了解海报设计的要素

◇了解海报设计快速入门的方法

◇了解详情页设计前各项准备工作

◇了解详情页的布局方法

能力目标

◇掌握色彩的常见搭配方法

◇掌握六基色的典型应用场景及搭配方法

◇掌握促销海报设计的6种方法

◇掌握详情页中目标消费者的分析方法

◇掌握详情页的文案设计方法

◇掌握两种典型详情页的布局方法

升学考试目标

◇掌握色彩的原理，分类、模式、理解色彩的情感，掌握件常见的色彩搭配方案，色彩与产品之间的内在联系

◇掌握网店促销海报的组成要素及常见设计方法，能根据店铺需求，运用图片处理软件设计各种品类商品的海报，准确表达促销海报的意图

◇掌握详情页的布局思维和方法，分析买家的购物行为，提炼商品卖点，完成商品详情页布局

◇能熟练运用工具软件实现店铺各类图形的设计及颜色搭配，完成店铺的装修任务

素质目标

◇通过动手操作图形处理软件的劳动实操锻炼，提升学生的劳动素养

◇培养学生在色彩及图片处理中的工匠精神

◇培养学生在色彩及设计领域的感知和创造能力

◇培养学生自主探究的主动学习、钻研精神

◇培养学生严谨、踏实、细致的工作态度

项目思维导图

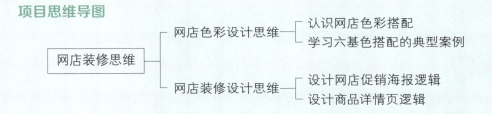

》》》》》》 任务1
网店色彩设计思维

情境设计

在网店装修中，色彩的运用是基础，色彩主要影响店铺及商品的整体观感、设计品质及受众情绪，需要将色彩与商品图片、文字等素材进行合理搭配，形成协调、统一、观赏性强的网店装修风格。张小明团队成员刚接触色彩这个新领域，面对丰富多样、纷繁复杂的色彩体系，团队成员显得有些力不从心，于是在"拼淘淘网络科技公司"的美工设计总监的指导下，开始了色彩设计思维训练，了解网店装修中色彩的应用方法和技巧。

任务分解

张小明团队成员在企业导师的指导下，经过讨论、搜集资料，将要学习以下内容：①认识网店色彩搭配；②学习六基色搭配的典型案例。通过对色彩的分类、色彩的模式、色彩的色环、色彩的情感及搭配方法的学习，提升色彩设计的逻辑思维。

网店色彩设计
思维

活动1　认识网店色彩搭配

活动背景

网店色彩搭配得当，网店装修也就成功了一半。学习网店色彩搭配，首先需要充分认识色彩，了解色彩的分类、模式，进而掌握色彩的特性及搭配技巧，张小明创业团队将要学习如何在千变万化的色彩世界中，实现色彩与产品的最优雅搭配。需要团队成员继续学习与思考。

活动实施

第1步：认识色彩的分类。

在千变万化的色彩世界中，人类视觉感受到的色彩非常丰富，可分为无彩色系和有彩色系两大类。无彩色系是指白色、黑色和由白色黑色调合形成的各种深浅不同的灰色。有彩色系主要包含三类颜色，即原色、间色及复色。

1.原色

色彩中不能再分解的基本色称为原色。原色能合成出其他色，而其他色不能还原出本来的颜色。原色只有三种，主要分为两大类：色光三原色（RGB）和颜料三原色（CMYK），如图3.1.1所示。

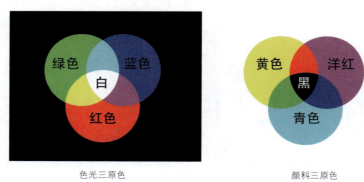

色光三原色　　　　　　　　　颜料三原色
图3.1.1　三原色

色光三原色分为红、绿、蓝，色光三原色混合后，组成显示屏显示颜色，三原色同时相加为白色，白色属于无色系（黑白灰）中的一种。

颜料三原色分为洋红（品红）、黄、青（湖蓝），颜料三原色从理论上来讲可以调配出其他任何色彩，同时相加得黑色。

2.间色

间色是由两个原色混合得到，也称二次色。间色有三种：色光三间色为品红、黄、青（湖蓝）。颜料三间色即橙、绿、紫，色光三间色恰好是颜料的三原色。这种交错关系构成了光线、颜料与色彩视觉的复杂联系，也构成了色彩原理与规律的丰富内容。

3.复色

复色是用原色与间色相调或用间色与间色相调而成的"三次色"。复色是最丰富的色彩家族,千变万化、丰富异常,复色包括了除原色和间色以外的所有颜色。复色可能是三个原色按照各自不同的比例混合而成,也可能由原色和包含有另外两个原色的间色混合而成。

由于色光三原色相加得白色光,这样便产生两个后果:一是色光中没有复色;二是色光中没有灰调色。两色光间色相加只会产生一种淡的原色光,以黄色光加青色光为例:黄色光+青色光=红色光+绿色光+绿色光+蓝色光=绿色光+白色光=亮绿色光。

第2步: 认识色彩的模式。

1.认识RGB颜色模式

人类视力所能感知的自然界中几乎所有的颜色都可以用红(R)、绿(G)、蓝(B)这三种颜色波长的不同强度组合而得,这就是人们常说的三基色原理。RGB颜色模式使用RGB模型为图像中每一个像素的RGB分量分配一个在0~255的强度值,在数字视频中,分别对RGB三基色进行8位二进制编码就构成了大约1 677万种颜色,这就是人们常说的真彩色。如纯红色RGB值为(255, 0,0),纯绿色值为(0,255,0),纯蓝色值为(0,0,255),纯白色值为(255,255,255),纯黑色值为(0,0,0)。

2.认识CMYK颜色模式

CMYK颜色模式是一种印刷模式,其中四个字母分别指青(Cyan)、洋红(Magenta)、黄(Yellow)、黑(Black),在印刷中代表4种颜色的油墨。CMYK模式在本质上与RGB模式没有什么区别,只是产生色彩的原理不同,在RGB模式中由光源发出的色光混合生成颜色,而在CMYK模式中由光线照到有不同比例C、M、Y、K油墨的纸上,部分光谱被吸收后,反射到人眼的光产生颜色。由于C、M、Y、K在混合成色时,随着C、M、Y、K四种成分的增多,反射到人眼的光会越来越少,光线的亮度会越来越低,所有CMYK模式产生颜色的方法又被称为色光减色法。

3.认识HSB颜色模式

HSB色彩模式即色相(Hue)、饱和度(Saturation)、亮度(Brightness)模式。它采用颜色的三属性来表示,即将颜色三属性进行量化,饱和度和亮度以百分比值(0%~100%)表示,色度以角度(0°~360°)表示。HSB模式比RGB和CMYK模式更直观,是更接近人们视觉原理的色彩模式。人脑在辨别颜色时,不会把色光分解成R、G、B或者C、M、Y、K几种单独颜色,而是按照色度、饱和度和亮度来判断。

4.认识Lab颜色模式

Lab颜色是由RGB三基色转换而来的,它是由RGB模式转换为HSB模式和CMYK模式的桥梁。该颜色模式由一个发光率(Luminance)和两种颜色(a,b)轴组成。Lab颜色模型由三个要素组成,一个要素是亮度(L),a 和b是两个颜色通道。a包括的颜色是从深绿色(低亮度值)到灰色(中亮度值)再到亮粉红色(高亮度值);b是从亮蓝色(低亮度值)到灰色(中亮度值)再到黄色(高亮度值)。它是一种具有"独立于设备"的颜色模式,即不论使用哪种监视器或者打印机,Lab的颜色都不变。

第3步: 认识色彩,了解色环。

色环是在彩色光谱中所见的长条形的色彩序列,只是将首尾连接在一起,使红色连接到另

图3.1.2　12色相环

一端的紫色,色环通常包括12种不同的颜色,如图3.1.2所示。按照定义,基色是最基本的颜色,通过按一定的比例混合基色可以产生任何其他颜色。现在大多用红、绿、蓝作为基色。网店装修中常用到的是相似色及互补色,让我们一起来了解一下。

1.相似色及应用

相似色是指在给定颜色旁边的颜色,即在色轮上90°内相邻接的色统称为类似色。橙色的相似色则为相邻的两个颜色,即红色和黄色。使用相似色的配色方案可以提供颜色的协调和交融,类似于在自然界中所见到的那样。

2.对比色及应用

对比色在色环上相互正对,色轮上90°~180°内的颜色也都是对比色。如果希望更鲜明地突出某些颜色,那么选择对比色是常用的方法。如在制作一幅橙子的图片,使用蓝色的背景将使得主体橙子部分更突出。

第4步:认识并体会色彩的情感。

1.色彩的视觉效应

色彩可以在观赏者的视觉神经中留下长久印象,是最直接的视觉语言。在视觉设计作品中,视觉要素的认知顺序依次是色彩→图像→图案→标志→文字。

2.色彩的味觉效应

色彩源于自然界,视觉感受也会影响味觉,食品的色彩、造型、体积在某种程度上会提高味觉的感受力,人们的大脑经过长期生活经验的积累,形成相关的联系能力。

色彩与味觉产生某种大致的对应:黄色→甜;绿色→酸;深红色→咸;黑色→苦;白色→清淡。从另一个角度看,红色能解馋,黄色可止渴,蓝色给人清凉的感觉,这都是视觉与味觉相互影响的表现。

3.色彩的情绪效应

色彩本身是没有情感的,我们之所以能感受到色彩的情感,是因为长期生活在一个色彩环境中,积累了许多视觉经验,这些经验与某种色彩视觉发生呼应时,就会激发某种情绪。色彩与情绪间大致的对应关系为:红色→热烈、冲动;橙色→富足、快乐、幸福;黄色→骄傲;绿色→平和;蓝色→冷漠、平静、理智、冷酷;紫色→虔诚、孤独、忧郁、消极;黑色和白色→恐怖、绝望、悲哀、崇高;灰色→冷静。

4.色彩与性格对应关系

红色对应外向型性格,其特点是刚烈、热情、大方、健忘、善于交际、不拘小节;

黄色对应力量型性格,其特点是习惯于领导别人,喜欢支配;

蓝色对应有条理的性格,其特点是个性稳重,不轻易做出判断;

绿色对应适应型性格,其特点是顺从、听话,愿意倾听别人的倾诉。

□　知识窗

暖色系与冷色系在设计中的运用

暖色：暖色由红色调构成，如红色、橙色和黄色。这种颜色视觉给人以温暖、舒适、有活力的感觉。这些颜色产生的视觉效果使其更贴近观众，并在页面上更突出。

冷色：冷色来自蓝色调，如蓝色、青色和绿色。这些颜色使配色方案显得稳定和清爽。它们看起来还有远离观众的效果，适于做页面背景。

第5步：了解色彩的搭配方法。

·同频色/单色搭配：单一色相，不同饱和度和明度的搭配设计，如图3.1.3所示。

图3.1.3　同频色/单色搭配

·相邻色搭配：在色相环中，相近的就是相邻色。根据红、橙、黄、绿、蓝、紫六色的顺序，相邻色的搭配就是红+橙、橙+黄、黄+绿、绿+蓝，如图3.1.4所示，以此类推。

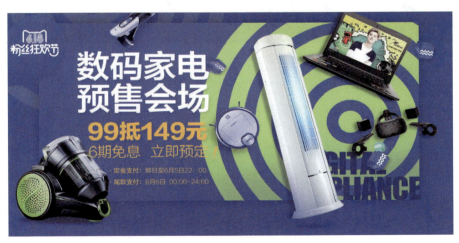

图3.1.4　相邻色搭配

·间隔色搭配：在色相环中，根据红、橙、黄、绿、蓝、紫六色的顺序，搭配方式中间间隔一个颜色,就是间隔色。比如红+黄、橙+绿、黄+蓝、绿+紫、蓝+红,如图3.1.5所示,以此类推。

图3.1.5 间隔色搭配

·对比色搭配:在色相环中,搭配方式为中间间隔两个颜色,颜色之间相差180°,就是对比色,比如红+绿、橙+蓝、黄+紫等,如图3.1.6所示,以此类推。

图3.1.6 对比色搭配

活动评价

通过本次活动的学习,大家对色彩有了较为深入的了解,对网店装修的配色原理和配色方法有了初步认知,从中不难发现在网店装修中,颜色的灵活运用在页面制作中起着非常关键的作用,有很多网店以其成功的色彩搭配令人过目不忘。通过此次活动,张小明团队成员为店铺装修积累了色彩的知识和经验。

活动2 学习六基色搭配的典型案例

活动背景

张小明团队成员在了解并认识了色彩之后,即将对网店进行色彩搭配设计,在设计之前,张小明团队需要尽可能多地掌握各类颜色的应用场景和适用范围,本次活动将以六大基本色:红、橙、黄、绿、蓝、紫为例，通过总结各类颜色的特点及场景搭配，开展案例分析与学习，以六大基色为基础，进而推广到大部分颜色的搭配和使用方法。

活动实施

第1步：了解六基色之红色搭配的案例。

（1）红色是中国人民最喜爱的颜色，能营造出历史、文化的格调，中国红还能体现出一种节日气氛，营造出喜庆、热闹、狂欢、激情等氛围，如图3.1.7所示。

图3.1.7 红色节日祝福海报

（2）红色有高贵、品质、知性的感觉。天猫首页整体采用的是略暗的红色，既有一定的促销感，又带有一定的品质感。在女士商品宣传中，红色可体现女性的知性和高贵，如图3.1.8所示。

（3）红色还经常用于表现美食等食品广告，以刺激观看者的味觉，如图3.1.9所示。

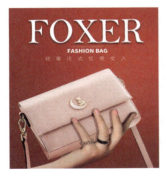

图3.1.8 大红色女包海报　　　　　　　图3.1.9 红色美食海报

（4）红色还可以赋予商品力量感，在体育用品等商品应用较为广泛，如图3.1.10所示。

红色搭配小结：在色彩搭配中，红色格调能烘托喜庆、热闹的节日气氛；可体现女人的妩媚、知性和性感；能展示商品的力量感；还能提升消费者对食品的食欲。同时红色也是一种警示色，例如红绿灯，各种交通标识，有一定权威性。纯红色有很强的刺激感，降低红色明度的暗红色可以体现出商品奢华的品质感。红色同时还是中国特有的喜庆的颜色，一些具有中国文化和民族特色的产品，都可以用中国红来凸显中国特色，体现中国元素。

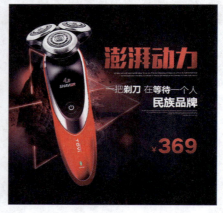

图3.1.10　运动、小家电等商品海报

第2步：了解六基色之橙色搭配的案例。

（1）橙色给人一种接地气的促销感，较为典型的水果类供销海报使用橙色配色，如图3.1.11所示。

图3.1.11　水果海报

（2）橙色是一个很生活化的颜色，可以表现家庭、生活的格调，还可以展现卡通、童趣，表现出快乐、轻松的氛围，如图3.1.12所示。

（3）橙色还经常用于零食和水果等商品，诠释一种家庭氛围，体现出幸福的感觉，如图3.1.13所示。

图3.1.12 橙色促销海报

图3.1.13 面包新语海报

（4）橙色也是秋天常用的颜色，如丰收、落叶等场景，如图3.1.14所示。

图3.1.14 橙色丰收季海报

橙色搭配小结： 在色彩搭配中，橙色比红色少了一些视觉冲击，可体现一种接地气的氛围。橙色多用于表现在餐饮、水果、食品等行业，营造一种卡通、童趣感，橙色还可以展现年轻活力、烘托家庭幸福感，同时橙色也是秋天的颜色，体现收获的喜悦感。

第3步： 了解六基色之黄色搭配的案例。

（1）黄色与橙色类似，都属于暖色调，视觉冲击力不如红色明显，能体现时尚的气息。黄色与黑色的对比搭配，有较强的视觉冲击力，常用于数码产品及一些警示标志，如图3.1.15所示。

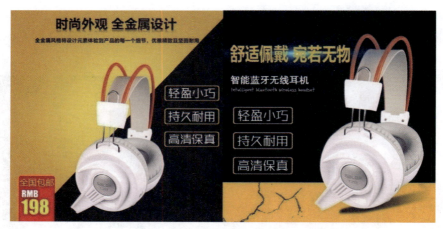

图3.1.15 黄黑搭配耳机海报

（2）黄色可以体现一种运动范，展现出年轻、活泼的感觉，如图3.1.16所示。

图3.1.16 黄色运动活力海报

（3）黄色和橙色类似，也可体现卡通、童趣的格调，如图3.1.17所示。

图3.1.17 水果特卖会海报

黄色搭配小结： 在色彩搭配中，黄色格调显得年轻活泼、时尚文艺、警示醒目，同时黄色也与橙色类似，具有童趣气息，常应用于儿童商品及水果类商品。

第4步: 了解六基色之绿色搭配的案例。

(1) 绿色本身有环保的象征意义, 常用于家具、家装、户外用品等, 可以体现自然、环保、纯净、卫生等商品特点, 如图3.1.18所示。

图3.1.18　绿色家装海报

(2) 绿色还可体现健康、展现生命意义, 化妆品、保健品或药品等商品也经常使用绿色, 如图3.1.19所示。

图3.1.19　绿色化妆品海报

(3) 绿色也是春天的颜色, 表达生机盎然、积极向上的态度, 同时也能展示年轻人的青春岁月, 如图3.1.20所示。

图3.1.20　绿色春游海报

绿色搭配小结: 在色彩搭配中, 绿色有自然、环保、清新、卫生、生命、健康、春天、青春等寓意,可用在相关商品和主体的色彩搭配中。绿色还能让人心情放松、舒缓,有一定情绪调节作用,可以搭配保健类产品使用。

第5步:了解六基色之蓝色搭配的案例。

(1)蓝色是应用非常广泛的颜色,是冷色调中的一种。蓝色蕴含冷静、沉着的状态,能体现庄严、肃穆且科技感十足,银行、警局、科技或商务公司等都经常采用蓝色主色调,科技商品的宣传图片常采用蓝色,如图3.1.21所示。

图3.1.21　蓝色笔记本宣传图

(2)蓝色是天空和大海的颜色,和绿色类似,也代表着纯天然、原生态,同时能体现干净、清爽、保湿、补水的特点,能突出品质感。蓝色是深海,也是暗夜的颜色,能引起人们的幻想,营造一种神秘的感觉,如图3.1.22所示。

图3.1.22　护肤品的宣传图

蓝色搭配小结:在色彩搭配中,蓝色因其具有商务性、科技感、神秘性、大自然、原生态等特点,常用于商务、科技企业及银行等单位,在科技、家电、数码、护肤品等商品中较为常用。

第6步:了解六基色之紫色搭配的案例

(1)一直以来,紫色都与高贵、典雅、浪漫、优雅等特质联系在一起,紫色可通过花儿等植物与产品颜色进行关联,比如丁香、薰衣草、紫罗兰等,紫色象征贵族气质,同时紫色也非常适合表达商品的高端奢华感,如图3.1.23所示。

(2)紫色同时也有神秘、梦幻的气质,较常用于表达性感、妩媚的女性商品的宣传设计中,如图3.1.24所示。

图3.1.23　饰品宣传海报　　　　　　　图3.1.24　女性护肤品宣传海报

紫色搭配小结: 在色彩搭配中,紫色因其具有高贵、优雅、神秘等特点,常用于较为独特、贵重、高价值的商品宣传中,尤其以女性商品使用最多。

友情提示

初学者在网店装修配色方面,需要掌握一些基本的色彩原理,重点了解六大基色的属性、特点及所适用的风格,其他颜色可结合色环的特点进行类推,根据不同商品的特点选择合适的颜色,融入自己的构思和设计。

活动评价

本次活动通过对色彩的认识与了解,掌握色彩搭配的常用方法,基于六种基色的典型搭配案例进行分析与学习,让同学们更深入直观地了解网店装修色彩搭配方法与技巧,形成一套色彩搭配的操作范式,为今后的网店装修积累色彩基础。

合作实训

1.请各小组成员(每组6~10人)根据色彩设计思维,分析中华人民共和国国旗颜色的设计思路。

2.请各小组成员选择1~2种网上热销产品,简述商品主色调和消费者情绪之间的关系。

3.请同学们以小组为单位,打开淘宝网,搜集不同类目红色、黄色、蓝色、绿色、紫色、黑色为主色调的海报设计各三张,并说明设计者使用的是什么配色方法、设计意图和所要表达的情感。

⟫⟫⟫⟫ 任务2
网店装修设计思维

情境设计

张小明团队成员已经掌握了色彩的基础知识和应用方法,在色彩运用的基础上,团队成员准备对店铺进行装修。店铺装修涉及店铺招牌、商品主副图、促销海报、活动页、商品详情页的设计等，本次任务通过重点介绍促销海报及商品详情页的设计逻辑，掌握网店装修的方法，形成网店设计思维，其他部分的设计以此类推。通过网店的精心设计，如同给网店穿上了一套精美的衣服，以吸引消费者的关注，不仅给消费者带来视觉冲击，更能通过网店页面的内容设计直击消费者的内心，促使消费者购买，提高店铺销量。

任务分解

张小明团队成员着手进行网店设计，接下来将学习：①设计网店促销海报逻辑；②设计商品详情页逻辑。团队成员通过案例学习，了解海报的6种制作方法；通过了解制作商品详情页的各项准备工作，了解详情页制作的方法和布局逻辑及详情页制作的常见方法。

活动1　设计网店促销海报逻辑

设计网店促销
海报实操

活动背景

张小明团队已经对颜色有非常清晰的认识，已经摩拳擦掌、跃跃欲试。本次活动将选取网店装修中最常见的海报设计为例，剖析网店促销海报的设计方法及逻辑。

活动实施

第1步：通过对比各大网站的促销活动，了解促销海报的组成要素。

🖿 **拓展思考**

网店促销海报一般由哪些要素构成？

根据目前网络上主流的促销海报制作的特点，将促销海报归纳为四大要素，即主体、文案、素材和配色。

①主体：促销海报最重要、最吸引顾客的部分，一般情况下，主体是商品本身，有时也可以是促销的信息。

②文案：商品的促销信息等文字内容。

③素材：为了烘托海报的主体部分所增加的装饰部分，让整个画面更加饱满。

④配色：在促销海报中所使用的主要颜色。

第2步：了解常见的促销海报案例。

◆**案例1　女包海报**

女包海报，如图3.2.1所示。主体：粉色女包；文案：海报左中部分的文字；素材：氢气球、彩虹、白云；配色：蓝色+白色+粉色。

图3.2.1　女包海报

案例1海报组成部分如下：

①主体：包包　　　　　②文案信息：左中部分

③素材：氢气球　　　　④配色：白色、粉色、蓝色

整个画面主要以商品为主——女包。

◆**案例2 食品海报**

图3.2.2　食品海报

案例2食品海报海报，如图3.2.2所示，组成部分如下：

①主体：促销图文信息　　　　　②文案信息：居中

③素材：饮料等　　　　　　　　④配色：红色、橙色

整个画面主要以促销信息为主——促销广告。

🔲 **知识窗**

常规海报一般会突显商品的主体地位，通过聚焦商品本身，进行宣传推广。促销海报大多选择突显促销信息、将促销信息布局在海报最重要、最吸引眼球的位置，增强促销效果。两种不同类型的海报所要表达的内容不同，因此设计方向也就不同。

第3步：通过案例分析，理解促销海报的设计思维

1.促销主题突出，冲击力强

这是较为常用的一种促销海报的设计思维，通过设计促销主题，可以是价格促销，也可以是节日特购，还可以是突显商品的独特卖点等，通过放大、加重、变形、对比色等方法，突显促销信息，增强视觉冲击力，如图3.2.3所示。

图3.2.3　国庆促销主题海报

2.化繁为简，点到为止

将"少即是多"的辩证思维应用在海报制作中，也是一种尝试。将纷繁多样的信息进行简化、化繁为简、切中要害、点到为止，反而更能聚焦促销信息，抓住消费者眼球，如图3.2.4所示。

图3.2.4　手表促销海报

3.增强促销画面层次感，丰富促销内涵

根据商品所要展现的主题、活动、时间、形式等多维信息，按照重要程度进行排序，既突出宣传关键信息，同时又将商品其他相关信息包含在其中，达到内涵更丰富、层次更分明的更理想的促销效果，如图3.2.5所示。

图3.2.5　年度盛典促销海报

4.画面大胆留白，突显促销信息

在海报制作中，有时为了突显促销的关键信息，也经常会使用留白的手法。留白是中国艺术作品创作中常用的一种手法，为使整个作品画面更为协调、精美而有意留下相应的空白，留有想象的空间。在海报制作中，留白实则为去掉一些不相关的信息，让画面更干净，以吸引消费者聚焦关键信息，如图3.2.6所示。为了突出暖风机及促销信息，广告图的背景采用了大面积的留白，给人以想象空间。

图3.2.6　家居电器促销海报

5.创新促销内容,让人眼前一亮

促销内容的创新是海报制作中较为常用且具有吸引力的一种形式,这里的创新是针对促销商品、促销文案、促销用素材及颜色搭配等方面,进行文字、图案、形状、颜色等方面的具有创意的构思及设计,区别于一般的普通海报,让消费者眼前一亮,如图3.2.7所示。

图3.2.7 情人节促销海报

6.融入应用场景,刺激购买欲望

在促销海报制作中,为了进一步刺激消费者的购买欲望,在海报背景中融入商品的使用场景,将商品置于真实的使用场景,如电脑融入游戏画面场景,衣服融入旅游景区场景等形式,通过应用场景和商品的融合,营造身临其境的消费体验,能进一步刺激消费者的购买欲望,达到理想的促销效果,如图3.2.8所示。

图3.2.8 电脑促销海报

□ **友情提示**

针对初学者,海报设计该如何快速入门?

初学者没有任何海报设计经验,快速入门有两条好的建议:一是善于观察和模仿,通过网络和各类应用,每天可以接触到不同类型的海报设计案例,这些案例大多是经过市场检验且非常优秀的海报,通过分析,找出海报设计亮点,做好笔记,通过模仿,提升海报设计经验;二是学会颜色搭配及构图,一幅好海报,颜色是基础,构图是关键,再加上一些创意手法和细节处理,基本是一幅较为理想的海报成品。经过多次练习、总结,将会很快成为一名合格的设计者。

活动评价

本活动以构成海报的四大要素进行分析,了解了促销海报和常规海报的设计区别,同时总结了促销海报设计的6种方法,结合案例进行剖析,通过本次活动的学习,锻炼并提升同学们的海报设计思维能力。

活动2　设计商品详情页逻辑

设计商品详情
页逻辑

活动背景

张小明团队在完成了海报设计的训练后,接下来将学习网店装修中占据大量版面的商品详情页的设计,商品详情页的设计质量直接决定着消费者是否最终购买,因此本次活动将重点掌握商品详情页的设计逻辑。

活动实施

⊟ 拓展思考

想要制作一张具有吸引力的商品详情页,需要做哪些准备工作呢?

促销海报等信息是解决消费者是否关注的问题,商品详情页则是解决消费者是否购买的问题。因此商品详情页的设计显得至关重要,好的商品详情页设计能帮助消费者完成"临门一脚",从而能提升商品的转化率。

第1步:了解设计高质量商品详情页所需要完成的准备工作。

1.目标群体分析

(1)需要了解商品目标消费者群体的年龄、性别、职业、所在区域、消费层次、兴趣爱好等信息,以更准确地对消费者进行"画像"。

(2)结合商品实际应用场景进行分析,了解目标消费者群体最关心商品的哪些功能和属性,以便对商品的卖点进行提炼。

(3)了解消费者的购物习惯,对消费者的网购路径进行分析,如图3.2.9所示。从图中可以看出影响消费者购买的各类因子,其中商品详情页的设计是消费者是否最终下单购买的非常重要的要素。

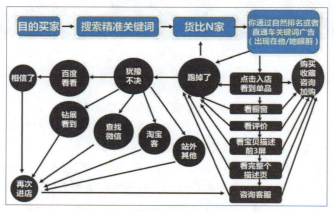

图3.2.9　消费者购物路径分析

2.商品卖点提炼

商品详情页是影响消费者是否购买的关键因素，因此商品详情页的设计需要紧紧围绕消费者的需求，解决消费者在商品使用中的痛点，以此提炼出商品的卖点，将其呈现在商品详情页的界面中。商品卖点提炼的一般方法为：发现客户需求━▶阐述商品的对比优势。这里的对比优势主要包含价格优势、质量优势、功能优势、独特性、差异化等方面，下面以祛痘产品为例，通过分析找出消费者在使用过程中的痛点，来提炼商品的卖点，如图3.2.10所示。

3.商品文案设计

详情页中的文案是与消费者直接沟通的基础，详情页的文案要结合商品的卖点，突出商品优势，给消费者带来更好的商品印象。文案设计有多种方法，这里简单罗列有代表性的几种：

①精准营销文案：短小精悍，直击消费者需求痛点，体现商品质量，如图3.2.11所示。

②差异化文案：切忌雷同，用好创意，讲好商品故事。

③夸张手法文案：采用适当夸张的手法，如跟同类型商品的对比、将自身商品优势进行深挖等。

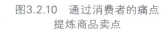

图3.2.10　通过消费者的痛点
提炼商品卖点

④权威信息文案：善于利用名人、专家、权威机构验证等信息增加商品的可信度。

⑤从众心理文案：可以根据销量、点赞、评分、信誉、店铺等级等数据进行设计，强调大多数消费者的认同感。例如，常用的祛痘淡印的详情页文案采用了精准营销文案的模式，文字短小精悍，直击消费者的需求，体现出商品的功能和效果，如图3.2.11所示。图3.2.12中则引用产品真实的使用体验，增加商品的可信度。

图3.2.11　精准营销文案

图3.2.12　权威信息文案

4.商品图片拍摄

好的商品详情页除了需要有好的文案设计之外，高质量的商品图片也显得非常重要，且图片需要占据详情页的绝大部分版面，结合商品的卖点，提高商品图片拍摄的质量。高质量的商品拍摄可以从拍摄光线的布置、拍摄角度的选取、拍摄场景的布置，商品应用场景的设计等方面着

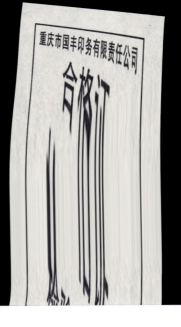

手。例如,在护肤品拍摄上,可以通过打光,增加瓶身的通透性,体现商品的锁水、保湿效果,如图3.2.13所示。

图3.2.13 护肤品打光拍摄的效果

第2步: 通过分析,了解商品详情页的布局逻辑。

如何将商品的各类图文信息进行合理排版和布局,是制作商品详情页需要重点考虑的问题。这里以新品和爆款的详情页布局为例,进行阐述和说明。

1.新品详情页布局逻辑

新品详情页重在吸引消费者关注,认识并熟悉商品的功能和特点,进而打开市场。

一般情况下,新品详情页的布局主要包括卖点意境图、挖掘痛点、解锁痛点、原材料的来源、卖点的讲述、商品参数介绍、商品使用方法的介绍、商品的荣誉或相关典故、市场区隔(商品PK)、商品质量检验报告、商品细节拍摄系列图、商品品牌的介绍,店内商品导航链接等。新品详情页重在提出新概念,讲好商品故事,引起消费者的注意,重点应放在深挖和解锁消费者的痛点,强化商品的卖点。针对不同商品也可根据其自身的特点对详情页的内容和布局顺序进行调整,如图3.2.14所示。

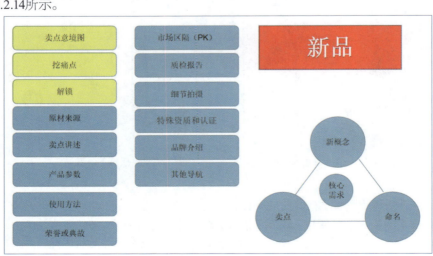

图3.2.14 新品详情页布局逻辑

2.爆款详情页布局逻辑

爆款商品主要是为了走量,需要增加爆款商品的流量入口,因此爆款详情页的布局需要在新品详情页的基础上增加促销活动海报、搭配套餐、关联套餐、便捷的旺旺咨询入口,其他内容和布局与新品详情页的布局逻辑类似,如图3.2.15所示。

图3.2.15 爆款详情页布局逻辑

第3步: 通过详情页的案例展示,进一步掌握详情页的设计和制作逻辑。

(1)以男士生活必备的剃须刀为例,进行详情页的案例展示,如图3.2.16所示。

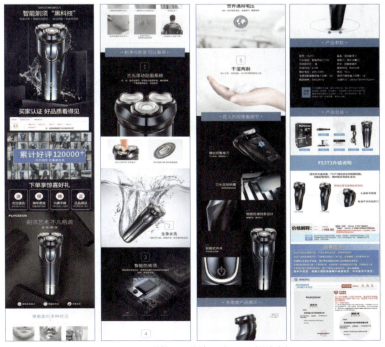

图3.2.16 剃须刀详情页布局逻辑案例

（2）以晴雨伞为例，进行详情页的案例展示，如图3.2.17所示。

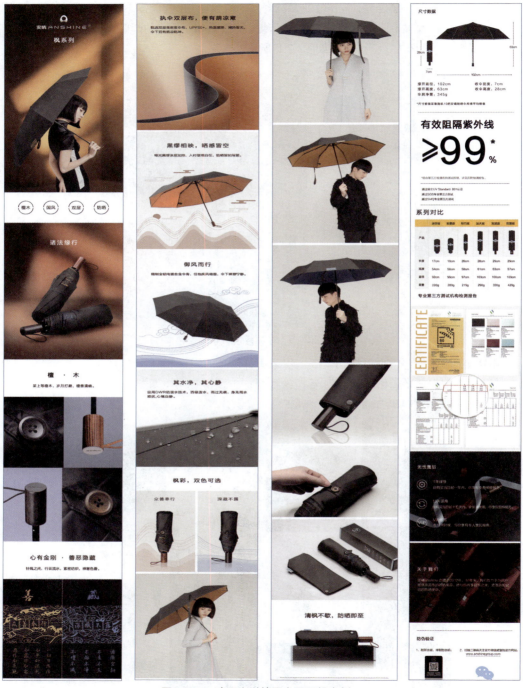

图3.2.17 晴雨伞详情页布局逻辑案例

活动评价

本活动通过对商品详情页设计进行深入讲解，让同学们懂得了商品详情页的设计逻辑，以及详情页布局的要点。想要做一个高转化的商品详情页,除了对页面进行设计和装修外,还需要结合消费者的需求进行有针对性的设计。

合作实训

(1)同学们以小组(6~10人)为单位,收集不同素材,使用两种不同的色彩搭配方法,完成化妆品类目、女装连衣裙类目促销海报各一张。

(2)同学们以小组(6~10人)为单位,完成5个不同类目商品的促销海报及详情页的设计。

项目总结

本项目在网店运营实战中占据非常重要的地位,是对实操能力要求比较高的内容,要求学生在设计过程中,将PS技术和装修设计思维进行有效结合。本项目侧重于从思维训练角度进行阐述,首先认识和掌握了色彩的基础知识,学会色彩搭配,在此基础上,以促销海报和商品详情页的设计为突破口,通过讲解制作技巧和方法,训练学生的网店装修思维,进而延伸到店铺招牌、活动页等的设计,通过装修思维培养,引领学生掌握高质量、高水平的店铺装修能力。

项目检测

1.单项选择题(每题只有一个正确答案,请将正确的答案填在括号中)

(1)色彩中不能再分解的基本色称为(　　　　)。

    A.原色　　　　　B.间色　　　　　C.复色　　　　　D.互补色

(2)色光三间色为(　　　　)。

    A.绿色、蓝色、红色　　　　　　　B.品红、蓝色、绿色

    C.品红、黄色、蓝色　　　　　　　D.品红、黄色、青色

(3)色彩的三要素是(　　　　)。

    A.暗度、纯度、色相　　　　　　　B.明度、纯度、色相

    C.亮度、纯度、暗度　　　　　　　D.亮度、色相、纯度

(4)红色+绿色+蓝色得到(　　　　)。

    A.白色　　　　　B.黑色　　　　　C.红绿色　　　　　D.蓝绿色

(5)在色彩搭配中,以下哪种颜色能烘托喜庆、热闹的节日气氛;能展示商品的力量感;还能提升消费者对食品的食欲?(　　　　)

    A.绿色　　　　　B.蓝色　　　　　C.紫色　　　　　D.红色

(6)详情页布局要点下面不正确的是(　　　　)。

    A.痛点　　　　　B.案例　　　　　C.差异化　　　　　D.色彩

2.多项选择题(每题有两个或两个以上的正确答案,请将正确的答案填在括号中)

(1)色彩模式分类有哪些?(　　　　)

    A.RGB模式　　　　　　　　　　B.CMYK模式

    C.HSB颜色模式　　　　　　　　D.Lab颜色模式

　　(2)绿色格调的海报有哪些特点?(　　　)

　　　　A.自然环保　　　　　　　　B.清新、卫生

　　　　C.生命、健康　　　　　　　D.春天、青春

　　(3)详情页设计因素有哪些?(　　　)

　　　　A.商品分析、客户分析　　　B.文案设计、卖点提炼

　　　　C.商品拍摄、页面排版　　　D.价格定位、尺寸大小

　　(4)商品文案设计的常用方法有哪些?(　　　)

　　　　A.精准营销　　　　　　　　B.差异化

　　　　C.夸张手法　　　　　　　　D.从众心理

　　(5)客户分析,需要分析目标人群的(　　　)。

　　　　A.年龄、性别　　　　　　　B.兴趣、爱好

　　　　C.消费层次　　　　　　　　D.地域、职业

　　(6)促销海报设计的四大要素有哪些?(　　　)

　　　　A.主体　　　　B.文案　　　　C.素材　　　　D.配色

3.判断题(正确的画"√",错误的画"×")

　　(1)颜料三原色分别为红色、绿色、蓝色。　　　　　　　　　　　　(　　)

　　(2)在彩色系中,紫色明度最高,黄色明度最低。　　　　　　　　　(　　)

　　(3)常规海报是以商品为主,以单品来吸引买家。　　　　　　　　　(　　)

　　(4)要是没有节日,可以把日常生活当中的使用消费场景打造出来。(　　)

　　(5)在网店装修时,可以给红色搭配更艳丽的颜色来增强视觉效果。(　　)

　　(6)在色环中,绿色和蓝色颜色差别比较大,是对比色。　　　　　　(　　)

4.简述题

　　(1)六大基色是哪几类?

　　(2)在店铺装修中,红色有哪些象征意义和特点?

　　(3)简述海报设计的6种方法。

5.趣味挑战题

心有灵犀颜色与性格大竞猜

　　老师将班上同学分为四组,同桌之间相互给自己和对方的性格各匹配一种颜色并写在纸条上,不要让对方看见,由老师选取同学猜想同桌给自己定义的颜色是什么?并说明所写颜色代表对方什么样的性格?猜对加1分,猜错减1分,最后根据分数高低评出最具心有灵犀组并给予表扬。

6.设计练习题

　　(1)针对女装、护肤品和手机三类商品,分别设计出冷暖两种色调的促销海报。

　　(2)选取母婴类的一种商品,按照爆款的详情页布局,设计商品详情页。

项目3
项目检测答案

项目 4
网店促销与推广

☐ 项目综述

张小明同学经过网店开设及装修等知识的学习，已成功搭建了网上店铺。经过了美工的精心装修，网店界面赏心悦目，引人入胜。接下来，网店的运营则决定了网店的生存和发展，团队成员将重点学习网店促销和推广以增加店铺浏览量、转化率和成交量，这是店铺运营成功的关键所在。若想要提高店铺的销量，则需要开展店铺促销和推广活动。本项目将分别学习网店打折、满减、优惠券设置等促销手段，重点学习直通车、淘宝客以及钻石展位的推广方法，学习直播、微淘及抖音等内容推广方式，以提高店铺的运营实效。

☐ 项目目标

通过本项目的学习，应达到的具体目标如下：

知识目标
◇了解店铺促销的形式
◇了解网店付费推广的方式
◇掌握淘宝直通车的推广原理
◇掌握淘宝客的推广原理
◇掌握超级钻石展位的推广原理
◇了解网店内容推广的方式

能力目标
◇掌握商品折扣、满减、包邮、优惠券、淘金币等促销活动的设置
◇熟悉直通车、淘宝客、超级钻石展位等付费工具的使用
◇能开展直通车、淘宝客、超级钻石展位的实践操作
◇掌握淘宝直播、微淘、社交软件、抖音视频等内容推广方式的使用
◇能开展淘宝直播、微淘、社交软件、抖音视频等推广方式的实践

升学考试目标
◇掌握网店促销的几种方式及其操作方法
◇掌握网店推广的方式和特点
◇掌握网店付费推广的常见方式及其操作技巧
◇了解直通车、淘宝客及超级钻展的使用条件、使用技巧、推广策略的制定，学会科学合理的制定推广策略保证店铺的盈利能力

◇掌握直播、抖音、微淘、社交软件等内容推广方式的使用方法和策略

素质目标

◇培养学生在网店经营中坚持中国特色社会主义市场经济发展的世界观

◇培养学生不刷单，不卖假货的诚信经营的优秀品质

◇培养学生严谨、踏实、细致的工作态度和团队合作精神、沟通能力

◇培养学生善于思考、解决问题的能力

▢ 项目思维导图

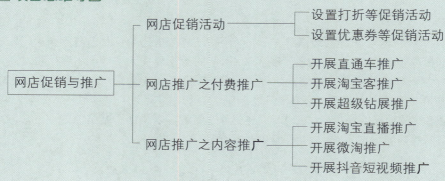

任务1
网店促销活动

情境设计

张小明团队经过了前期店铺开设和装修后，店铺面貌焕然一新，可是运营了一段时间后，店铺访客少，流量低，转化率低，店铺的成交量少。想要提升店铺人气和成交量，张小明团队成员需要开展店铺活动，以促销活动集聚人气，吸引新客和提升流量，进而增加店铺商品的曝光率和成交量。

任务分解

新开张的店铺，由于成交量较少、正面评价不多和信用积累不足，再加上运营团队经验不足，店铺成交量不高，张小明团队成员决定挑选店铺中较为受欢迎的商品开展促销活动，需要学习：①设置打折等促销活动；②设置优惠券等促销活动。经过学习和研究，店铺成员决定尝试开展打折、满减、包邮、优惠券及淘金币等形式的促销活动。

活动1　设置打折等促销活动

活动背景

店铺开设好后, 为了提高店铺商品的人气, 根据店铺的实际情况设置相应的促销活动, 有利于吸引消费者收藏店铺并对店铺商品进行关注和浏览, 以增加商品的曝光度, 进而提高店铺商品的销售。

活动实施

第1步: 选择销量比较好的热门商品, 设置店铺打折促销活动。

选择店铺中较为受欢迎的商品开展打折促销活动, 有利于增加商品人气, 吸引消费者进店。运营者可根据店铺商品的原有价格, 设置合适的打折促销活动, 提升商品的性价比, 进而提高消费者的购买欲望, 促进商品的销售。

操作1: 登录 "我的淘宝", 进入 "卖家中心" ——→ "我订购的应用" ——→ "服务订购", 如图4.1.1所示, 进入服务市场页面。

图4.1.1　淘宝服务订购页面

操作2: 在 "服务市场" 页面的搜索栏中输入 "打折促销"。在操作中, 新手可以勾选 "限时折扣" 和 "免费试用" 按钮, 选择可以免费试用的折扣服务进行操作, 这样不仅可以节省开店成本, 还可以进行试用体验, 如图4.1.2所示。

图4.1.2 淘宝打折促销服务订购页面

操作3: 选择合适的服务进行购买, 如图4.1.3所示。

图4.1.3 淘宝打折促销服务购买页面

操作4: 购买成功后, 在"服务市场"首页的"我的服务"中点击"最近购买", 找到刚刚购买的服务, 如图4.1.4所示。

图4.1.4 已购买的淘宝打折促销服务

操作5: 点击该服务图标, 进入授权登录页面, 点击"授权并登录"按钮, 如图4.1.5所示。

图4.1.5 授权登录淘宝促销服务

操作6: 进入网店促销服务订购页面, 点击"限时折扣"模块中的"立即创建"按钮, 如图4.1.6所示。

图4.1.6 网店促销服务订购页面

操作7: 进入限时促销设置页面, 根据实际需要填写相应的信息, 填写好信息后, 点击右下角的 "下一步, 选择参加宝贝", 如图4.1.7所示。

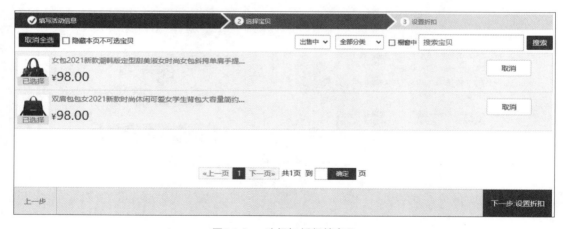

图4.1.7　打折促销信息填写页面

操作8: 选择需要设置打折促销的商品, 点击右下角的 "下一步, 设置折扣", 如图4.1.8所示。

图4.1.8　选择打折促销商品

操作9: 根据商品一口价、商品利润设置相应的折扣, 点击右下角的 "创建活动" 按钮。如果页面弹出 "修改店铺最低折扣" 页面, 则根据页面提示, 点击前往后台修改店铺最低折扣, 修改完再重新点击 "创建活动" 按钮, 则可成功创建活动, 如图4.1.9所示。

图4.1.9　填写折扣信息及设置最低折扣

操作10：活动创建成功后，点击"查看此活动详情"按钮，可以查看活动设置效果，如图 4.1.10所示。

图4.1.10　折扣信息设置完成后的商品界面

第2步：针对有一定利润空间的产品，设置店铺满减、包邮促销活动。

在店铺促销活动中，除了给店铺设置合理的打折促销活动外，还可以根据实际情况为店铺设置满减、包邮或者满赠活动，给消费者营造一种在网店购买商品非常划算的氛围，从而提高店铺商品的销量。

订购店铺满减、包邮服务的方法和之前学习的订购打折促销服务是一样的操作流程，由于刚刚订购的打折促销服务也同时提供满减、包邮、满赠服务，所以这里可以直接使用刚刚订购的服务进行设置。

操作1：回到网店促销服务订购页面，如图4.1.6所示，找到"满减/包邮"模块，点击"立即创建"按钮。

操作2：进入活动信息设置页面，选择合适的活动名称、时间、参与活动的宝贝，优惠条件根据店铺实际情况选择"满元"或"满件"，这里以"满元"为例，设置满100减5元，同时勾选了"包邮"和"送礼物"按钮，表示满100元减5元的同时，消费者还可以享受包邮和神秘礼物，"包邮"和"送礼物"按钮可以根据实际需要进行勾选。所有信息设置完毕后，点击右下角的"创建活动"按钮，如图4.1.11所示。

图4.1.11　设置满减、包邮等促销活动页面

操作3：查看设置了满减/包邮活动的商品，效果如图4.1.12所示。

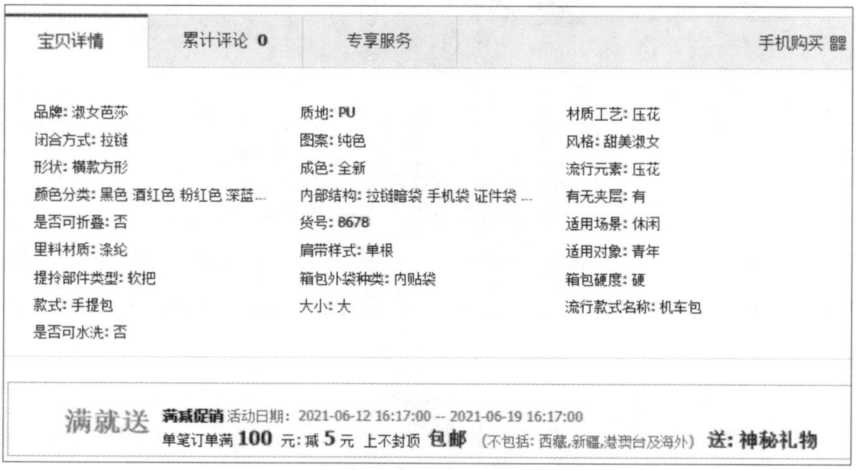

图4.1.12　满减、包邮的商品信息页面

活动评价

通过此活动的学习，我们对淘宝店铺的打折、满减和包邮等促销形式有了一定的了解，并掌握了促销的操作方法，为提高店铺的运营成效打下了基础。

活动2　设置优惠券等促销活动

活动背景

店铺开设好后，为了增加销量，除了设置打折和满减等促销活动，还可以设置优惠券、淘金币等促销活动，通过更多的促销活动，吸引消费者关注店铺，浏览商品，最终产生购买行为。

第1步：在淘宝店铺，设置店铺优惠券。

设置店铺优惠券是网店促销活动中较为普遍和受欢迎的一种促销形式，设置店铺优惠券，给消费者一种降价的实惠，同时优惠券有一定的使用金额要求，同时能带动店铺其他商品的销售。操作步骤如下：

操作1：回到图4.1.6的网店促销服务订购页面，找到"优惠券"模块，点击"立即创建"按钮。

操作2：根据店铺的活动情况，设置合适面值的优惠券，点击"创建"按钮，即可成功创建店铺优惠券，如图4.1.13所示。如果页面弹出"您还未订购淘宝官方优惠券，点此去订购"，则按照指引点击进行订购，如图4.1.14所示。信用为三星以下的新手卖家可以免费试用淘宝官方的优惠券服务15天。

图4.1.13　设置优惠券促销活动页面

图4.1.14　订购淘宝官方优惠券入口

第2步：在淘宝店铺，设置淘金币活动。

淘金币属于淘宝平台的一种虚拟货币。买家可以用金币抵扣部分商品价格，商家也可以用金币回馈客户。参加淘金币活动可以增加店铺的曝光率，给店铺带来部分流量，从而提高店铺的整体销量。淘金币的设置步骤如下：

操作1：登录"我的淘宝"，进入"卖家中心"页面，在后台左边 "营销中心" 中找到"淘金币"选项，点击进入"淘金币卖家服务中心"，如图4.1.15所示，点击"立即开通"按钮，开通淘金币服务。开通淘金币服务必须要符合"近90天支付宝支付金额（元）≥0.1"的条件，否则无法开通。

图4.1.15　淘金币服务开通页面

操作2：开通淘金币服务后，可以根据店铺实际情况设置合适的淘金币活动，如图4.1.16所示。新手卖家可以选择设置"全店金币抵扣"。

图4.1.16　淘金币活动选择页面

操作3：根据实际情况设置店铺淘金币的抵扣比例，选择相对应的商品，如图4.1.17所示。

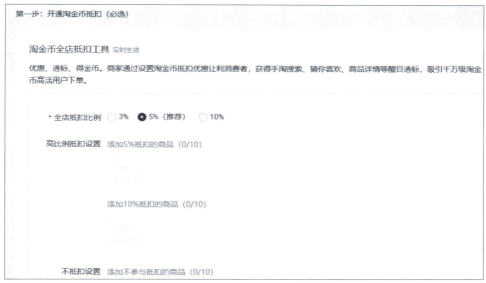

图4.1.17　淘金币全店抵扣活动设置页面

活动评价

通过此活动的学习，我们对淘宝店铺如何设置促销活动有了一定的了解和认识，学会合理设置有一定吸引力的店铺促销活动，如优惠券、淘金币等活动，能有效提高店铺商品的销量。

合作实训

请各创业团队以免费试用的方式，订购至少两种网店促销活动，并针对每种促销活动制订相应的促销方案（300字左右），同时在促销界面进行相应促销活动设置。

任务2
网店推广之付费推广

情境设计

张小明团队经过了网店的前期运营，发现运营成效一般，为了提高店铺运营效果，运营团队决定开展店铺的促销和推广活动。在实施打折等促销活动后，店铺的访客和成交有了一定程度的提高。运营团队希望能快速提升店铺的知名度，吸引更多流量，进一步提升店铺的转化率和成交量，团队成员决定开展付费推广活动，开发新客户，留住老客户，将商品精准推送到目标人群，实现店铺运营效果的再提升。

任务分解

> 经过了上一任务里开展的促销活动, 店铺聚集了一定的人气, 张小明团队成员希望能再接再厉, 通过学习: ①开展直通车推广; ②开展淘宝客推广; ③开展超级钻展推广等付费推广形式, 大幅度提高店铺的访客数、店铺的浏览量, 提升店铺的转化率和成交量。

活动1　开展直通车推广

活动背景

店铺开设好后, 为了提高店铺商品的人气, 张小明决定开展直通车推广, 通过投入一定的资金进行付费推广, 进而增加商品的访问量和转化率, 提高店铺商品的销量。

活动实施

第1步: 通过百度搜索, 认识什么是淘宝直通车。

直通车指淘宝/天猫直通车。直通车是按点击付费的营销推广工具, 在买家搜索结果页通过关键词展现相匹配的推广方式, 实现宝贝的精准营销。

第2步: 通过登录淘宝网站的各展示页面, 了解直通车展示的形式及展示位置。

1.直通车展示形式

直通车展位展示商品的信息包括创意图、商品价格、销量、创意标题、店铺名称、发货地等信息, 如图4.2.1所示。

图4.2.1　直通车展示形式

2.直通车展示位置

直通车展示位置在PC端和无线端略有不同, PC端搜索结果页带 "掌柜热卖" 标识, 而无线端带 "HOT" 标识。

(1)PC端展示的搜索结果页是左侧1~3个展示位、右侧竖排16个展示位和底部横排5个展示位, 带有 "掌柜热卖" 标识, 如图4.2.2和图4.2.3所示。

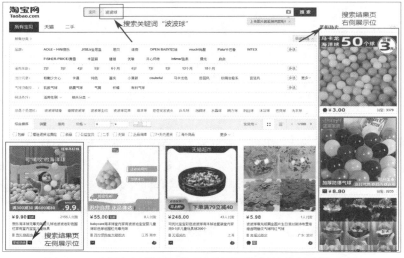

图4.2.2　直通车PC端展示位置: 关键词搜索结果页左侧和右侧

图4.2.3　直通车PC端展示位置：关键词搜索结果页底部

（2）手机淘宝App等无线终端展示的搜索结果页，是带有"HOT"标识的展示位，如图4.2.4所示。

图4.2.4　无线端展示位置：关键词搜索结果页带有"HOT"标识

（3）其他展示位置：直通车展示位置除了搜索结果页的这些位置之外，还有其他一些展示位置。主要包括以下几类展示位。

第1类：定向推广展示位。定向展示位会出现在"旺旺买家版每日焦点"——→"热卖"，"我的淘宝"——→"已买到的宝贝"或出现在"已买到的宝贝"——→"物流详情"或"购物车"等页的展示位，其中"购物车"页直通车展示位如图4.2.5所示。

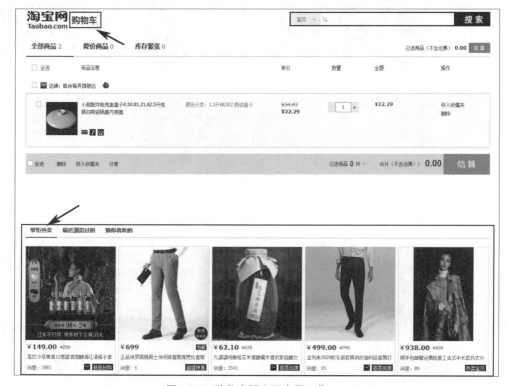

图4.2.5 购物车页直通车展示位

第2类：活动展示位，如淘宝网各频道页面活动。

第3类：天猫页面展示位，如天猫关键词搜索页和类目搜索页最下方的掌柜热卖5个展示位，这些展示位只展现天猫店铺的商品。

第4类：淘宝站外展示位。

第3步：通过查阅资料，了解直通车的排名与扣费。

1.直通车排名

若卖家希望通过直通车推广让自己的商品排名靠前，就需要尽可能提高商品的直通车综合排名。直通车综合排名取决于直通车出价和质量分这两个要素，用公式表示即为：直通车综合排名=直通车出价×质量分。

在直通车综合排名计算公式中，若保持直通车出价不变，要提高直通车综合排名就必须提高质量分。反之，则需要提高直通车出价。

直通车质量分的范围1~10分，是被标准化处理之后的得分。

🗔 知识窗

影响直通车质量分的要素有哪些?

影响直通车质量分的要素有创意质量、相关性、买家体验等。

·创意质量指的是关键词所在商品的推广创意效果,包括推广创意的关键词点击反馈、图片质量等。卖家通过创意方法不断测试优化推广创意,努力提升创意的点击率。

·相关性指关键词与商品本身、关键词与商品类目和关键词与商品属性三个维度的相关程度。关键词与商品本身的相关性,包括商品标题、推广创意标题。关键词与商品类目的相关性指商品发布的类目和关键词的优先类目的一致性,商品发布时切记不要错放类目。关键词与商品属性的相关性是指发布商品时选择的属性与关键词的一致性,尽可能填写符合自己商品特征的属性。

·买家体验是指根据买家在店铺的购买体验和账户近期的关键词推广效果给出的动态得分。它包含直通车转化率、收藏数量、加入购物车数量、关联营销、详情页加载速度、好评率、旺旺响应速度等影响购买体验的因素。

2.直通车扣费

淘宝直通车推广是典型的CPC(Cost Per Click)广告模式,即按照每点击一次计费的方式推广。买家搜索开启直通车推广关键词的商品时,点击被推广的商品,则该商品的卖家需要支付推广费,淘宝直通车进行相应的扣费。直通车扣费公示如下:

$$直通车扣费= \frac{下一名的质量分×下一名的出价}{自己的质量分} +0.01$$

在直通车扣费公式中下一名的质量分和下一名的出价是无法控制的,若要自己的直通车扣费降低,就必须提高自己的质量分。自己的质量分越高,需付出的推广费用就越低。当按直通车扣费公式计算得出的出价金额大于卖家设置的最高出价时,则按卖价的实际出价扣费,反之则按直通车扣费公式计算的金额出价。

🗔 知识窗

直通车的核心要素

直通车的核心要素即为点击率和转化率。点击率即为被推广商品在推广页面被点击的次数与展现次数的比例(点击率=点击次数/展现次数)。点击率越高,预示着在相同的展现次数的前提下,商品被点击的次数就越多,产生的推广费用就越高。转化率即为商品成交的次数与被点击次数的比例(转化率=成交次数/点击次数)。转化率越高,预示着在相同点击次数的前提下,商品成交次数越多,即表示商品越受消费者青睐,平台给予的支持和推荐也就越多。

1.影响直通车点击率的核心要素

·关键词:即推广采用的关键词。精准的关键词带来精准的流量,从而提高点击率,反之点击率更低。

·位置:即被推广商品在页面展现的位置。无论是移动端还是PC端,越靠前的位置点击率越高。

·标签:即平台为不同消费群体的消费习惯所作的分类。标签越精准,推广展示到的人群也越精准,商品点击率也就越高。

·图片:具有视觉冲击力和良好导购作用的推广图片,可以获得高的点击率。直通车图片可以从商品卖点、使用场景、描述文案等方面进行优化。

2.影响直通车转化率的核心因素

较高的转化率意味着投入较少的推广费用产生较多的成交量。

·关键词:精准的关键词能带来更高的转化率。

·标签:精准的标签带来精准的流量,实现更好的转化。

·时间段:卖家可根据商品的销售特征,选择买家浏览时间长、转化率高的时间段加大推广力度,以此来提高转化率。

·地域:卖家根据商品特征和主要面向的市场有选择性地挑选地区进行推广,精准的地域投放可实现更高的转化率。

第4步: 通过登录直通车的后台,了解直通车的功能。

淘宝直通车入口:"淘宝后台" ⟶ "千牛卖家中心" ⟶ "营销中心" ⟶ "直通车",如图4.2.6所示。

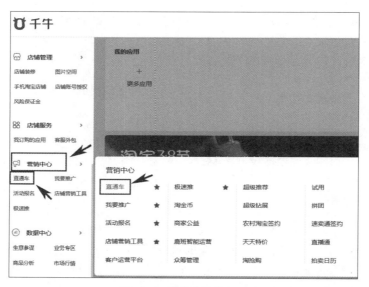

图4.2.6　淘宝直通车入口

1.淘宝直通车首页

淘宝直通车首页包括顶部通栏、中间部分及右侧通栏。顶部通栏包含首页、推广、报表、账户、工具、妈妈CLUB、直通车账户ID、站内信等内容,淘宝直通车首页如图4.2.7所示。

中间部分包含实时数据汇总、营销雷达、推广商品、排行榜(含货品排行榜、关键词排行榜和人群排行榜)及推广计划(含标准推广计划和智能推广计划)。

右侧通栏包含账户余额、幸运星抽奖活动、快捷入口、学习专区、千牛小程序升级等内容。

图4.2.7　淘宝直通车首页

2.淘宝直通车推广页

单击淘宝直通车首页顶部通栏的"推广"进入推广页面,推广页由左侧导航栏和右侧内容栏构成,如图4.2.8所示。

图4.2.8　淘宝直通车推广页

左侧导航栏包含全部计划、趋势明星、直播推广、营销场景(含潜力新品和活动商品)、我的计划组(含日常销售计划组、活动场景计划组和自定义计划组)及我的关注。

选择左侧导航栏不同的导航内容时,右侧内容区会出现不同的内容。以左侧"全部计划"导航为例:单击"全部计划"导航栏,在右侧内容区呈现相应内容。首先呈现的是全部推广计划某个时间周期的推广数据。时间周期可以通过选择日期或者快捷日期来设置,选择日期的时间间隔不宜超过91天，快捷日期则可以选择今日、昨日、过去7天、过去14天和过去30天，如图4.2.9所示。

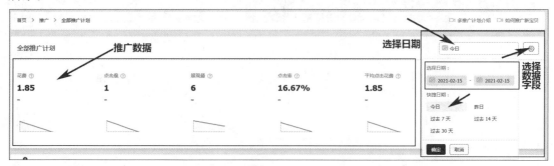

图4.2.9　全部推广计划数据及选择日期

图4.2.9中全部推广计划的显示数据也可以根据具体的需要进行选择。单击图中的"选择数据字段"按钮，选择需要展现的数据字段，自定义字段可拖动排序。

向下拖动"全部计划"页右侧的滚动条，呈现的是已建的推广计划，包含标准推广计划和智能推广计划，如图4.2.10所示。

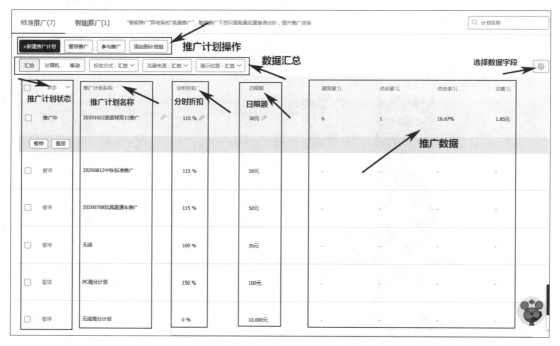

图4.2.10　推广计划

推广方式分为标准推广和智能推广。

·标准推广：是指卖家根据不同的营销诉求，通过自主选择关键词、精选人群、创意进行直通车投放，同时系统也会为卖家提供推荐方案，帮卖家实现投放效率的优化。

·智能推广：是指直通车为卖家提供智能托管的功能，卖家只需要进行简单的计划设置，即可开始推广，系统根据卖家选择的宝贝或者趋势词包，智能匹配高品质流量。

卖家可通过暂停推广、参与推广和添加到计划组等方式来操作推广计划，如卖家需要暂停某个推广计划,只需要选中拟暂停的计划,单击"暂停推广"即可暂停该计划的推广,暂停的推广计划将停止扣费。若需要启动已暂停的推广计划,则选择拟启动的推广计划,单击"参与推广"即可。

3.淘宝直通车报表页

单击淘宝直通车首页顶部通栏的"报表"进入报表页面,报表页由左侧导航栏和右侧内容栏构成,如图4.2.11所示。

图4.2.11　直通车报表

报表页左侧导航栏包含店铺基础报表(即直通车报表)、店铺实时报表、货品营销报表(包括潜力新品报告、活动商品报表和定时上架报表)、直播推广报表及智能推广报告。

以直通车报表为例,右侧栏显示账户总览报表,可选择不同转化周期的数据,日期范围最大可选择过去半年,可分为三个部分:数据区、图表区和列表区。

(1)数据区

数据区默认显示展现量、点击量、点击率、花费和平均点击量,用户可单击"更多数据"按钮选择其他度量指标,显示数据最少2项,最多不超过9项。

展现量:即推广单元在淘宝直通车展示位上被买家看到的次数。

点击量:即推广单元在淘宝直通车展示位上被点击的次数。注意,虚假点击会被直通车反作弊体系过滤,该数据为反作弊系统过滤后的数据。

点击率:即点击率=点击量/展现量,可直观表示宝贝的吸引程度,点击率越高,说明宝贝对买家的吸引力越大。

花费:即推广单元在淘宝直通车展示位上被用户点击所消耗的费用。

平均点击花费:即平均点击花费=花费/点击量,即推广单元每一次点击产生的平均花费金额。

(2)图表区

在图表区域,卖家可选择过去某个日期范围的不同数据度量指标进行比较,通过时间趋势图或者数据占比图了解数据报表。

（3）列表区

列表区包括推广计划列表、推广单元列表、创意列表、关键词列表及地域列表。

推广计划列表显示推广中的计划数据，如日限额、展现量、点击量等度量指标，单击计划名称可查看该计划的推广数据，单击"分日详情"按钮可以查看该计划的分日详情数据。

推广单元列表显示推广中的单元数据，如展现量、点击量等度量指标，单击推广单元名称可查看该推广单元的推广数据、创意列表、关键词列表和地域列表。

创意列表显示推广中的创意，如创意信息、创意类型、展现量等信息，卖家可通过对比分析不同创意的推广效果进一步优化推广创意。

关键词列表显示推广中的关键词，如出价、展现量、点击率、花费、平均点击花费等数据，卖家可根据不同关键词的推广效果来修改该关键词的出价。

地域列表显示所有有展现量的区域，卖家可结合点击量、点击率及花费等度量指标进一步优化推广区域。

4.淘宝直通车账户页

单击淘宝直通车首页顶部通栏的"账户"进入账户页面，账户页由左侧导航栏和右侧内容栏构成，如图4.2.12所示。

图4.2.12 直通车账户

账户页左侧导航栏包含充值、自动充值和提醒、账户明细、营销管理、操作记录、代理账户、违规记录、资质管理、联系人管理和服务协议等功能模块和内容，卖家可根据需要进行操作。下面以"充值"和"操作记录"为例，简要介绍其操作。

（1）充值

直通车为付费推广，在推广中会产生费用，为保证推广正常进行，直通车账户需有一定余额，若余额不足可选择"立即充值"或者"先营销、后还款"。为保证充值顺畅,建议在充值时仅登录淘宝直通车账户的旺旺,且使用支付宝余额付款。每次充值金额不得少于200元,首次充值不少于500元。

（2）查看操作记录

可以查看在某个时间范围内操作人对关键词相关、宝贝相关、计划相关和创意相关等数据类型进行的各种类型操作,相关操作将被详细记录下来,如图4.2.13所示。

图4.2.13　直通车操作记录

5.淘宝直通车工具页

单击淘宝直通车首页顶部通栏的"工具"进入工具页面,工具页由左侧导航栏和右侧内容栏构成,如图4.2.14所示。

图4.2.14　直通车工具页

直通车工具页左侧导航栏包括营销雷达、智能出价、流量智选、趋势明星、加速特权、流量解析、抢位助手、竞争分析、生意参谋、第三方等内容。下面以流量解析为例进行介绍。

单击左侧导航栏"流量解析"，淘宝直通车根据店铺所经营的商品类目推荐一批热门关键词和相关联的新词、飙升词及热词，如图4.2.15所示。

图4.2.15　直通车流量解析

在图4.2.15中，卖家也可以根据需要查询某些关键词的相关信息。如在关键词分析搜索框中输入"波波球"，单击"查询"按钮即可显示在某个行业类目、某个时间范围的市场数据趋势、人群画像分析和竞争流量透视等数据。市场数据趋势主要由市场趋势、相关词推荐、行业趋势词排行三个部分构成。

（1）市场趋势

市场趋势主要包括展现指数、点击指数、点击率、点击转化率、竞争度和市场均价等指标，卖家可通过分析这些数据来优化直通车推广策略，如图4.2.16所示。

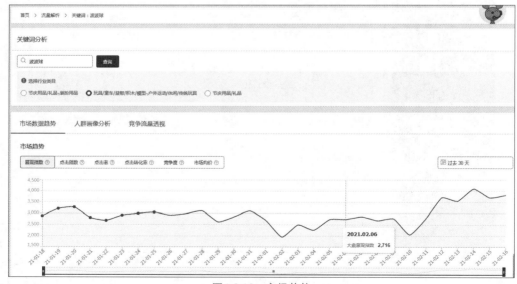

图4.2.16　市场趋势

（2）相关词推荐

相关词推荐主要由推荐的关键词及该推荐词的推荐理由、相关性、展现指数等度量指标构成，如图4.2.17所示。

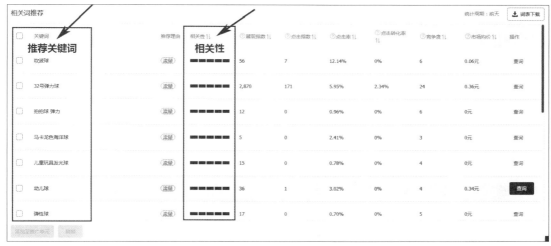

图4.2.17 相关词推荐

（3）行业趋势词排行

由热搜词排名、飙升词排名和新词排名构成，如图4.2.18所示。热搜词即所选类目下过去一周搜索量核心聚集的词，飙升词即所选类目下过去一周搜索流量飙升的词，新词即所选类目下过去一个月在市场上新出现的词。

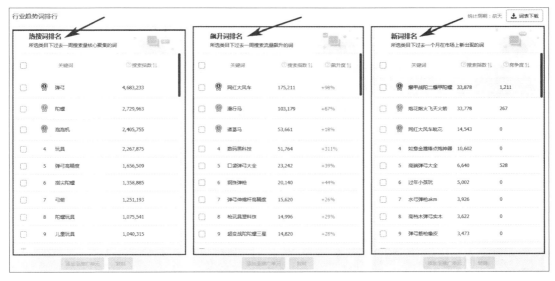

图4.2.18 行业趋势词排行

第5步： 开展淘宝直通车推广实践。

直通车推广分为计划推广和直播推广，计划推广又分标准推广和智能推广。接下来将以标准推广为例，讲解直通车标准推广计划的设置。

在直通车推广页，单击左侧导航栏的"全部计划"，在打开的页面中单击"新建推广计划"，进行推广设置。

1.推广设置

（1）推广方式选择

选择"标准推广"。

（2）投放设置

·设置计划名称仅为方便卖家的记忆及区分不同计划，例如："20210217波波球日常营销标准推广计划"。

·设定日限额可选择"不限"和"有日限额"，此处设置日限额50元，卖家需合理设置每日花费预算，避免过早下线错过优质流量。

选择投放方式，投放方式分为智能化均匀投放和标准投放。智能化均匀投放帮卖家优选高质量流量进行展现，延长推广宝贝的在线时长，提升宝贝转化效果。标准投放即系统会根据卖家的投放设置展现卖家的推广。此处选择标准投放。上述设置完成后如图4.2.19所示。

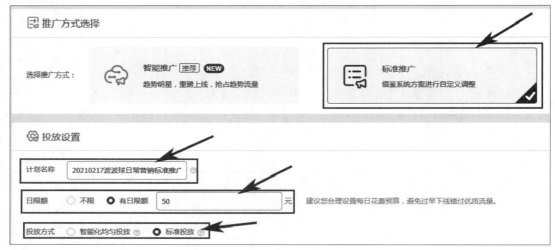

图4.2.19 推广方式选择及投放设置

高级设置中需设置投放平台、投放地域和投放时间三项内容。

设置投放平台，投放平台分为计算机设备和移动设备，在不同设备上又分淘宝站内和淘宝站外，卖家通过打开或者关闭投放按钮即可完成投放平台设置。计算机设备的淘宝站内搜索推广默认投放，不可更改设置。卖家可根据推广需要合理选择投放平台，设置成功的投放平台如图4.2.20所示。

设置投放地域，卖家可根据该计划拟主推的商品品类在各地区的搜索、成交、转化表现，设置投放区域。卖家也可应用"流量解析"工具分析各品类在不同区域的数据表现来设置投放区域。

图4.2.20 设置投放平台

设置投放时间，商品在不同时段的流量和转化可能有所不同，卖家可以针对各时段设置不同的折扣出价，提高流量利用效果。投放时间分为当前设置、全日制投放、行业模板和自定义模板。卖家在设置投放时间时可以参考生意参谋中访客分析的时段分布来设置投放时间，也可以选择与自己所经营类目相同的行业模块快速设置，如图4.2.21所示。

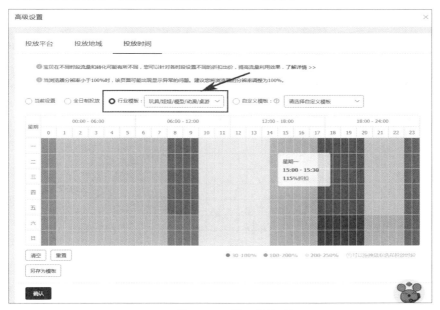

图4.2.21 设置投放时间

（3）单元设置

根据营销的需要，设置拟推广的单元。单击"添加宝贝"按钮，打开添加宝贝页面，选择计划推广的商品，完成单元设置。若需继续添加宝贝，重复该过程即可。

（4）创意预览

在新建推广计划过程中，默认使用主图作为直通车推广创意图片，卖家可以在新建完成后在创意板块进行更换设置。

2.制订直通车推广方案

（1）添加推荐关键词

单击"更多关键词"按钮，打开"添加关键词"页面，卖家根据所经营的商品，结合推荐词的推荐理由、相关性、展现指数、竞争度、市场平均出价、点击率、点击转化率等度量指标合理添加关键词，也可在"已添加关键词"的列表下方手动添加关键词。添加关键词的总数量不可超过200个，被添加的关键词系统设置了建议出价的价格，卖家可修改每个关键词在移动端或计算机端的出价，也可以批量修改出价。

选择匹配方式，匹配方式分为广泛匹配和精准匹配，默认为广泛匹配。

·广泛匹配：当买家搜索词包含了所设关键词或与其相关时，推广宝贝就有机会展现。

·精确匹配：买家搜索词与所设关键词完全相同（或是同义词）时，推广宝贝才有机会展现。

完成上述选择后单击"确定"按钮，完成添加关键词设置，如图4.2.22所示。

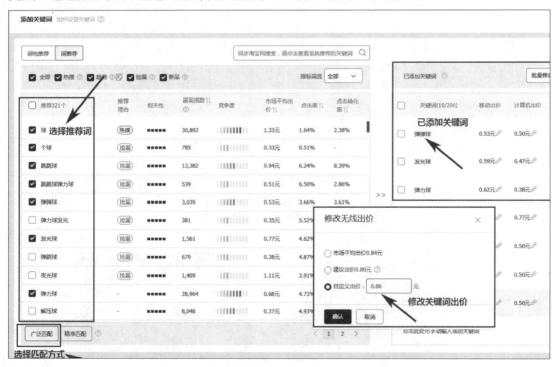

图4.2.22　添加关键词

（2）新增精选人群

卖家可自定义组合人群，设置宝贝定向人群、店铺定向人群、行业定向人群、基础属性人群及达摩盘人群。在设置过程中，卖家需结合所销售的商品的人群定位合理选择访客人群。添加行业偏好人群如图4.2.23所示。

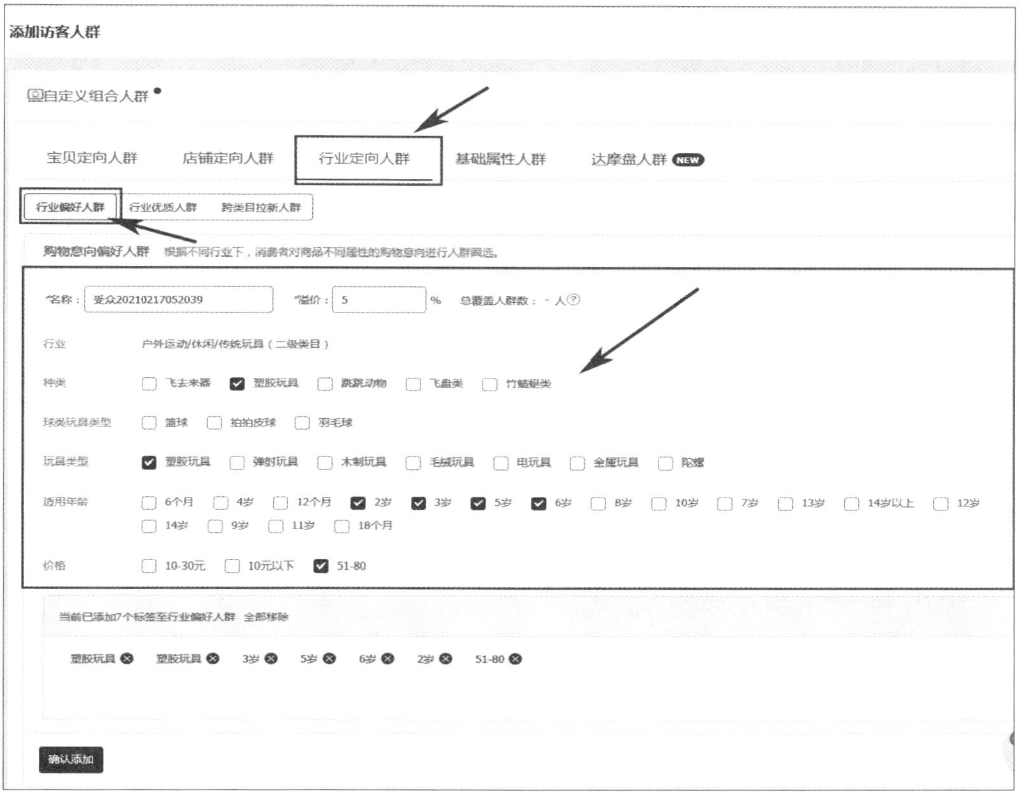

图4.2.23　添加行业偏好人群

按照上述方案,合理设置其他类型人群的添加,完成自定义组合人群添加,如图4.2.24所示。

图4.2.24　完成自定义组合人群添加

活动评价

通过此活动的学习,同学们对直通车的基本知识和功能有了清晰的了解和掌握,同时也开展了直通车的实践活动,掌握了直通车推广的方法和技巧,也提升了店铺商品的销量。

活动2　开展淘宝客推广

活动背景

网店运营了一段时间后，为了促进店铺商品的销售，张小明运营团队已经开展了直通车的付费推广，取得了较好的效果。接下来将继续开展淘宝客推广，通过以成交计费的推广方式，提高店铺商品的销量。

活动实施

第1步：通过百度搜索，认识什么是淘宝客，了解淘宝客的作用及形式。

1.淘宝客与淘宝客推广

淘宝客指通过推广赚取收益的一类人，淘宝客的付费方式为CPS（Cost Per Sale，按成交付费）。

淘宝客推广是专为卖家打造，按成交计费的推广模式。淘宝客获取卖家的推广链接，通过网络渠道进行推广，买家通过淘宝客的推广链接购买商品且完成交易，淘宝客按照约定从卖家那获取相应比例的佣金。

2.淘宝客推广的作用

（1）积累销量。借助淘宝客推广完成商品销售的突破，以此提升该商品的销量。

（2）提升权重。淘宝客推广积累的销量可实现商品展现量的增加，实现精准营销，提升商品权重，带来自然流量。

（3）提高转化率。大多数买家倾向于选购销量大、好评多、点击量大的商品，借助淘宝客推广不断增加的销售可以更好地提高转化率。

3.淘宝客推广的形式

（1）通用计划：以个人淘宝客为主。通用计划是淘宝客推广中最基础的计划，可以让淘宝客帮助卖家推广全店铺的所有商品。当淘宝客帮助卖家推广成交一款商品时，订单确认收货后，卖家将按照该商品对应类目的佣金率支付佣金（佣金=成交价×佣金率）。

（2）鹊桥活动：该形式一般为淘宝客联盟或者专业公司采用的推广形式，这种形式需要事先通过淘宝客的活动广场报名。

（3）如意投：即爱淘宝平台，是淘宝官方的导购平台。如意投是帮助卖家快速提升流量，按成交付费的精准推广营销服务。

（4）定向计划：定向推广计划用来"定向"寻找淘宝客，如设定计划名称、简介、持续时间及佣金，设定相应范围的商品，控制淘宝客的等级。

第2步：利用多个平台、多种形式开展淘宝客资源的收集。

根据淘宝客推广使用的平台可将淘宝客分为平台型、联盟型及达人型三大类，接下来将学习3种淘宝客资源收集方法。

1.平台型淘宝客资源的收集

（3）淘宝客网站的搜集

通过百度、360搜索、搜狗搜索引擎等搜索网站，收集平台型淘宝客资源。在搜索引擎中输入"超级返利""天天特价""秒杀""抢购""9块9""聚划算"等和商品相关的关键词，查找与之匹配的淘宝客平台。例如：在百度搜索引擎中输入"超级返利"，在搜索框的下方和右侧会分别列举"超级返利""淘客超级返利""返利网""返现网""一淘网""返还网"等多个网站，如图4.2.25所示。

图4.2.25　百度搜索平台型淘宝客结果

（2）淘宝客公众号的收集

登录手机微信，点击"通讯录" ⟶ "公众号" ⟶ "搜索公众号"，在输入框中输入"特卖"，点击"搜索"即可搜索到相关的公众号，如图4.2.26所示。

（3）淘宝客小程序的收集

登录手机微信，在微信页面搜出小程序页面，在"搜索小程序"输入框中输入"抢购"，点击"搜索"即可展示搜索结果，如图4.2.27所示。

图4.2.26　手机微信搜索淘宝客公众号

图4.2.27　搜索淘宝客微信小程序

（4）淘宝客App的收集

打开手机应用市场（以华为默认应用市场为例），点击"分类"导航栏，点击"购物比价"类别，即可查找到多个淘宝客App应用，如图4.2.28所示。

（5）利用网址导航的淘宝客收集

利用hao123网址导航、360网址导航、搜狗网址导航、2345网址导航等导航类网站查找淘宝客。

2.联盟型淘宝客资源的搜集

卖家可登录淘宝联盟商家中心，单击"活动"导航栏，可在打开的页面搜索联盟型淘宝客资源。联盟型活动类型分为公开推广、渠道专享推广两大类型。

公开推广包括普通招商、品牌快抢招商、爆品库招商、新品招商，商家报名此类活动，可享受所有渠道的推广。

渠道专享推广包括一淘招商、内容招商、私域招商，此类活动中的佣金比为专享佣金比，只在特定渠道生效，其他渠道不可共享。联盟型淘宝客资源搜集如图4.2.29所示。

图4.2.28 淘宝客App应用

图4.2.29 联盟型淘宝客资源搜集

卖家在选择联盟型淘宝客时，可从服务费范围、推荐活动、团长类型、团长数据等方面进行鉴别，重点关注V标团长活动、官方活动和推荐活动，如图4.2.30所示。

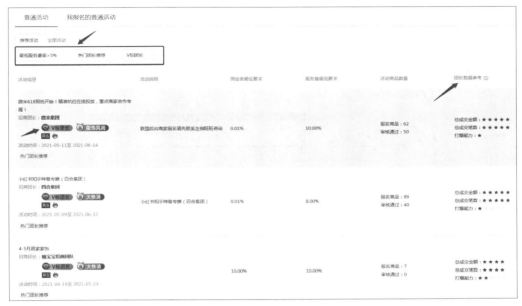

图4.2.30　联盟型淘宝客资源鉴别

3.达人型淘宝客资源的搜集

达人型淘宝客是一群活跃于淘宝上的淘宝达人,他们爱挑、会买、爱分享,他们会被媒体轮番轰炸,进而成为商家最尊崇的VIP客户,他们的一言一行在淘宝有着举足轻重的地位。因为他们更专业,受到数以万计粉丝的追捧;他们是粉丝的代言人,因而受到卖家的尊崇。

卖家登录阿里V任务网站,在淘榜单页面主播榜即可看到推荐的达人,商家可分别以综合推荐、领域主播推荐和跃升主播推荐等三个不同的维度、期限查看达人排行榜。主播榜列表页依次展现不同维度排名的达人的粉丝数、服务评分等信息,如图4.2.31所示。

图4.2.31　阿里V任务淘榜单达人淘宝客

　　在选择达人淘宝客时,商家可通过分析达人粉丝数、达人综合能力指数、内容互动数据、V任务接单数据、直播数据、服务效果数据及达人所属机构来鉴别达人淘宝客。若需更深入了解拟选择的达人,还可进一步分析该达人的服务详情、品牌契合度、粉丝特征、历史作品及数据等指标,如图4.2.32所示。

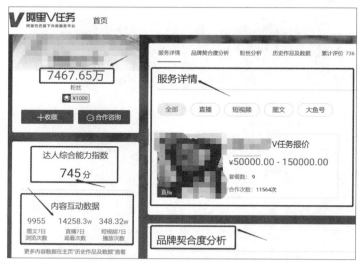

图4.2.32　达人型淘宝客资源鉴别

　　第3步: 登录淘宝客后台,设计淘宝客推广计划。

　　全新改版的淘宝客(淘宝联盟商家中心)推广计划分为商品营销计划和全店推广计划。

　　1.商品营销计划

　　商品营销计划是针对商品单品的推广计划,商家可根据营销的需要选择店铺中的单个或多个商品进行推广。

　　2.全店推广计划

　　全店推广计划包括定向计划、自选计划、通用计划。

　　定向计划: 商家跟指定淘宝客合作的计划,使用定向计划,可以跟指定淘宝客合作,并追踪他们的推广效果。

　　自选计划: 店铺中设置为公开自动审核定向计划的升级计划。该计划是为商家管理淘宝客而量身定制的新计划。除提供淘宝客推广店铺效果数据、淘宝客推广能力评估外,商家还可根据各淘宝客的推广情况选择同淘宝客建立具体的推广关系,如为某淘宝客开设人工审核的定向计划等。通过自选计划,可以吸引优质淘宝客推广你的商品,并追踪他们的成交效果。

　　通用计划: 所有的淘宝客都可以参加,所有的淘宝客都能够推广。

　　第4步: 以商品营销计划和定向计划为例进行淘宝客推广实践。

　　1.商品营销计划设置

　　(1)登录淘宝联盟商家中心,点击"计划管理",在左侧导航栏单击"营销计划",在右侧页面单击"添加主推商品",从新打开的页面中选择拟推广的商品,选好之后单击"确定"按钮完成商品添加,如图4.2.33所示。

图4.2.33　添加主推商品

（2）制订推广策略，设置推广时间，如2021-05-07；设置佣金率，如6%，单击"保存设置"按钮完成设置，如图4.2.34所示。

图4.2.34　设置单品推广策略

（3）若需添加多个主推商品，重复第1步和第2步即可，主推商品添加完之后如图4.2.35所示。

图4.2.35　主推商品列表

▤ 知识窗

主推商品推广策略的两种类型

　　从图4.2.35中可看到每个主推商品都包含"默认"和"日常"两种不同的类型。"日常"是在营销计划下新增主推商品后设置的商品日常推广策略，"默认"是从当前有效的日常策略和活动策略中选最优的佣金率、最优的优惠券进行推广，所有淘宝客均可查看并推广。此外还包括活动类型，"活动"是报名招商团长活动时设置的商品活动推广策略。

　　2.商品定向计划设置

　　定向计划是商家跟指定淘宝客合作的计划。

　　（1）新建计划。单击"新建计划"按钮，进入新建定向计划页面，按照页面要求填写基本信息，包括计划名称和计划描述。

　　（2）推广设置。设置推广日期、设置类目佣金、设置主推商品，如图4.2.36所示。店铺类目须设置类目佣金率，非主推商品将按设置的类目佣金率计算。类目佣金率的设置可通过出佣助手快速出佣。主推商品最多可选50个，主推商品的佣金率可与类目佣金率不同，但定向计划的佣金率须高于通用计划的佣金率。

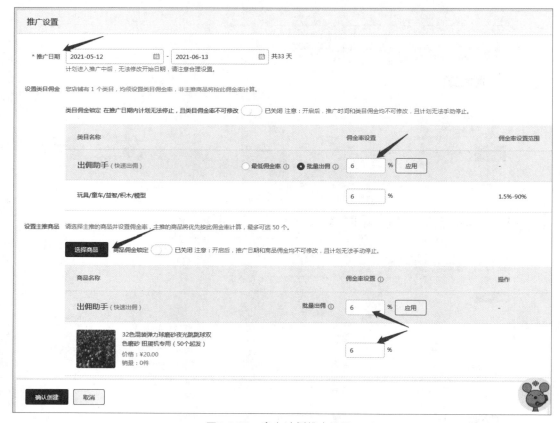

图4.2.36　定向计划推广设置

　　（3）寄样设置。商家选择定向推广可选择是否要向定向淘宝客提供样品，以及是否要求寄回样品，若要求寄回样品则必须留下详细的回寄地址、收件人及联系电话。为了方便与淘宝客联系，建议卖家留下联系钉钉和联系旺旺。寄样设置如图4.2.37所示，单击"确认创建"按钮完成。

（4）邀请淘宝客。定向计划创建完毕，返回定向计划列表页面，单击"邀请淘宝客"按钮，打开"邀请淘宝客"对话框。邀请淘宝客有两种方式：一种是卖家可通过复制邀请链接发送给定向的淘宝客，由合作的淘宝客发起申请；另一种是卖家填写合作淘宝客的MemberID，指定淘宝客合作，这种方式卖家必须事先知道合作淘宝客的MemberID，且只能指定最多50个淘宝客合作。邀请淘宝客如图4.2.38所示。

图4.2.37　寄样设置

图4.2.38　邀请淘宝客

（5）淘宝客管理。定向合作的淘宝客通过邀请链接等方式发起推广申请后，卖家在淘宝客管理页面通过查看推广者的流量能力、成交能力、推广单价等指标对申请者进行审核。

活动评价

通过此活动的学习，同学们对淘宝客推广的基本知识和原理有了清晰的理解，通过开展淘宝客的实践操作，进一步锻炼了团队成员的网店推广能力，为提高店铺的推广效果积累了经验。

活动3　开展超级钻展推广

活动背景

张小明团队在学习和开展了直通车和淘宝客等付费推广后，店铺运营有了明显的起色，团队成员接下来将继续学习超级钻展推广的知识和方法，继续通过付费推广的方式提升店铺运营实效。

活动实施

第1步：通过百度搜索，认识什么是超级钻展。

超级钻展是按流量竞价售卖的广告位，计费单位为CPM（Cost Per Mille），即每千人成本。

第2步：了解超级钻展推广的核心要素。

和直通车推广一样，超级钻展的核心要素也是点击率和转化率。

1. 影响点击率的主要因素

①展位：包括类目频道、首页焦点位置、站内其他位置及站外适合投放的位置。

②定向：即匹配对商品感兴趣的人群，超级钻展的定向包括群体定向、访客定向、场景定向、兴趣点定向和DMP定向，不同的定向，点击率有差异。

③投放时间：根据买家的浏览时段来选择投放时间。

④地域：根据商品的特征和主要面向的市场来选择投放的区域。

⑤图片：有视觉冲击力的创意图片，可以更好地提高点击率。创意图片重点突出商品卖点和细节，可通过差异化视觉、左文右图、创意文案等方式来实现。

2. 精准转化

超级钻展首先通过圈定人群，然后通过平台匹配的卖家所需的人群流量。钻展获取精准流量关键在于"圈定人群"，即"定向"。

第3步：通过淘宝各大展示页面，了解超级钻展的展现位置。

1.PC端展现位置

打开淘宝网首页，超级钻展的展位如图4.2.39所示。

2.无线端展现位置

打开手机淘宝App首页，超级钻展的位置如图4.2.40所示。

第4步：登录淘宝超级钻展后台，了解超级钻展的各页面及功能。

1.超级钻展首页

超级钻展的首页主要包含升级信息、数据信息和账户信息。

①升级信息区域列举了超级钻展相关升级信息，如智能化创意、智能诊断、泛加购成本出价

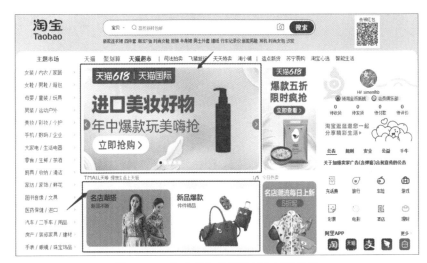 

图4.2.39　淘宝首页超级钻展的展现位置　　　　　　图4.2.40　无线端
超级钻展的展现位置

等内容，不同时期升级信息有所不同。

②数据信息包括单日投放数据和历史投放数据，通过对比单日与历史的消耗（元）、展现量、点击量、千次展现成本（元）、点击率、点击单价（元）等数据，为商家的推广决策提供数据参考。

③账户信息包括用户的活跃天数、账户余额等信息。在账户余额信息区域，商家可对账户进行充值，注意每次充值的金额必须大于等于300元。超级钻展首页如图4.2.41所示。

图4.2.41　超级钻展首页

2.新建推广计划

推广计划包括计划组、计划和创意三个层面的内容。

·计划组层面从消费者圈层、营销场景、推广目标等方面进行宏观设置，决定整体目的前期保障设置，通常称为决策层。

·计划层面从投放日期、投放时段、投放地域、定向人群、资源位、预算和出价等具体参数进行设置，是对整体投放自由把控的部分，通常称为方法层。

·创意层面则是设置投放的图文内容、视频内容、创意及承接页面，涉及落地承接的转化端口，注重投放效果，通常称为效果层。

（1）消费者圈层

推广计划将根据消费者圈层进行运营设置。超级钻展将消费者划分不同圈层，在当前阶段，每个人群圈层相互独立，随着投放进行，各圈层间人群将进行流转。不同的圈层通过不同的衡量指标评估投放效果。根据消费者和店铺的远近关系分别划分为以下4个圈层。

①未知人群探索：对跨类目进行拉新，蓄水期推荐，助力品牌在海量消费者中挖掘潜在客户。针对近期尚未和本类目发生过互动的人群进行广告投放。未知人群是指过去30天未在店铺主营类目下发生过点击、回搜、回访、收藏、加购物车行为，且过去180天未在店铺主营类目下发生过购买行为的消费者。

②泛兴趣人群拉新：对本类目进行拉新，蓄水期和预售期推荐，引入更大促销活跃人群，挖掘及加深潜在客户。针对近期已和本类目发生过互动但和本店尚未互动的人群进行广告投放。泛兴趣人群是指过去30天在店铺主营类目下发生且未在本店铺发生点击、回搜、回访、收藏、加购物车的行为或过去180天在店铺主营类目下发生且未在本店铺发生购买行为的消费者。

③兴趣人群收割：对店铺兴趣人群进行拉新，预售期和爆发期推荐，对活动蓄水期和预售前期积累的店铺行为人群进行有效收割。兴趣人群指的是，过去30天在本店铺发生了点击、回搜、回访、收藏、加购物车行为，或过去180天在本店铺发生了购买行为的消费者。

④自定义计划：不区分圈层，自定义人群进行广告投放。

（2）定向人群

定向人群的方式包括AI优选和自定义人群。

①AI优选：系统将结合平台大数据能力，智能圈选优质人群，帮助商家高效达成推广目标。

系统将自动在未知人群中，根据兴趣点、人口属性等特征，圈选对商家投放的广告更可能感兴趣的人群，带来更多客户进店。选择AI优选后，初期人群圈选人群范围可能较小，商家可持续投放一段时间后，系统将根据投放效果动态调整圈人。

②自定义人群，根据商家的推广目标，自定义圈选细分人群，达成营销目的。

自定义人群可以使用钻展平台常用的高效投放人群，也可以使用达摩盘丰富的定向能力以及再营销投放，自定义人群包括常用人群和更多人群。

·常用人群：投放平台的常用人群，包括关键词兴趣人群、店铺相关人群和小二推荐人群。

·更多人群：提供消费者基础属性、品类行为和渠道行为标签，支持标签组合圈选。亦可选择商家在达摩盘官网创建的人群，包括新建人群和已保存人群。

投放建议：把同质人群放在一个计划内并设置一笔大预算投放。在这种投放模式下给到系统更大空间优化，并有利于获得更多营销目标、系统自动选取优质人群，相比于手动调整人群更科学，效率也更高。

（3）资源位的投放

资源位的投放方式包括优质资源位和自定义资源位。

①优质资源位：系统会自动为商家选择优质资源位投放，最大化商家设置的营销目标，包含

淘宝"首页猜你喜欢"核心前排位置和"无线焦点图"等阿里系核心场景优质资源位,以及今日头条信息流等优质主流站外资源位。

②自定义资源位:自定义选择广告展示位置。选择的广告展示位置越多,商家就有越多机会覆盖目标受众,进而实现商家设置的营销目标。

(4)预算和出价

商家根据不同的营销目标可优选不同的竞价方式。营销目标包括点击量、曝光量、加购(购物车)量、关注量、成交量。竞价方式包括成本控制、预算控制和出价控制。

·成本控制:系统未优化商家选定的营销目标进行智能出价,控制平均投放成本尽量小于商家设置的期望控制金额。

·预算控制:在计划预算的范围内,系统根据商家选定的营销目标进行智能出价,最大化商家选定的营销目标。

·出价控制:系统为优化商家选定的营销目标进行智能出价,控制出价报价尽量不大于商家设置的期望控制金额。为优化特定营销目标(加购量、关注量、成交量),系统会对出价进行智能调价,调价范围±100%。

第5步: 开展超级钻展推广实践活动。

本次超级钻展推广计划将以未知人群探索制订推广计划,内容如下:

1.新建计划组

新建计划组具体操作如下:

①单击超级钻展页面导航栏"计划"导航,在打开的页面右侧"消费者圈层运营"中选择"未知人群探索",单击"新建计划组"按钮。

②在打开的新页面"设置计划组"中选择"计划组类型",在"消费者圈层营销"栏目选择"未知人群探索"。

③设置计划组名称为"未知人群探索计划组_20210605_荔枝节",如图4.2.42所示。

2.设置计划

设置计划具体操作如下:

①填写计划基本信息,包括计划名称、投放日期、投放时段和投放地域。

②定向人群,定向方式选择"AI优选",如图4.2.43所示。

③设置资源位,投放方式选择"优质资源位"。

④设置预算和出价。

预算和出价相关设置如下:

·营销目标设置为"点击量"。

·竞价方式选用"成本控制"。

·期望控制金额设置为3.70元/次点击(市场均价为3.65元/次点击),期望获得更多流量,出价可略高于市场均价。

·预算类型设置为"每日预算",即日消耗不会超过每日预算设置金额,这里设置为185元。

注意:预算金额必须大于等于50元,小于等于当前账户余额,经测试实际预算金额不得小于单次点击期望控制金额的50倍,即预算金额至少够50次点击花费,计算结果:3.70元/次点击×50次=185元。

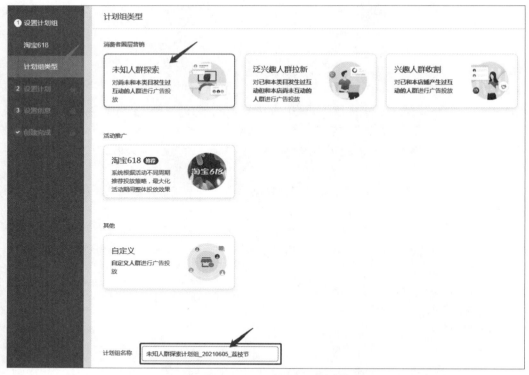

图4.2.42 新建未知人群探索计划组

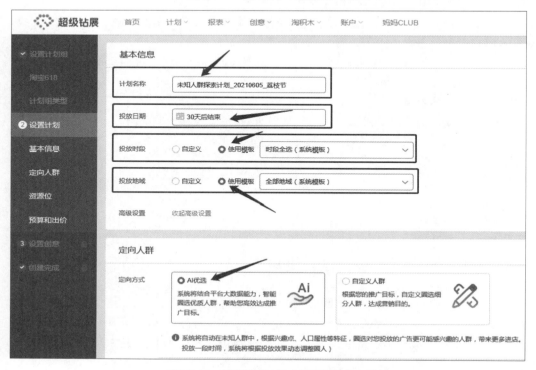

图4.2.43 设置计划(基本信息和定向人群)

·投放方式默认为"均匀投放"。

·计费方式默认为"按展示计费"。

预算和出价设置完成如图4.2.44和图4.2.45所示。

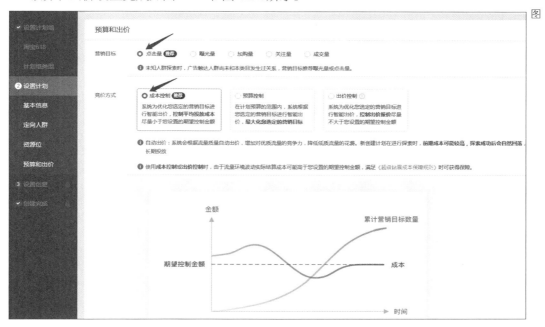

图4.2.44　预算和出价

图4.2.45　设置出价

3.设置创意

①单击"+从创意库选择"，打开"请选择要添加的计划"页面，从列表中选择要添加的计划。

②单击"下一步"按钮，打开"从创意库添加"页面，从创意列表中选择要添加的创意。

③单击"下一步"按钮，打开"创意信息输入"页面，完成信息输入，单击"确定"按钮，完成创意选择。

商家还可选择"添加创意"来上传或者制作创意,如图4.2.46所示,则创建完成。

图4.2.46 超级钻展创意设置

活动评价

通过此活动的学习,同学们对超级钻展的相关知识有了一定了解,同时通过超级钻展推广的实践活动,加深了对付费推广操作的掌握,能有效提升店铺商品的销量和店铺的运营效果。

合作实训

请各创业团队针对直通车推广、淘宝客推广和超级钻石展位推广三个活动,根据自身实际情况开展1~2个付费推广活动,并将推广前后店铺的各项推广指标进行对比,进行简单的推广效果分析。

任务3
网店推广之内容推广

情境设计

> 随着移动互联网的爆发,消费者的购物习惯、店铺流量渠道、平台搜索规则等都发生了翻天覆地的变化,很多商家都已经认识到内容推广的重要性,新媒体的内容推广能有效提升消费者对商品的认知,是认识商品品质,提高店铺信任度的重要形式。它以较低的推广成本、富有创意的内容制作、多媒体多渠道的沟通形式和管道,有效帮助网店运营者突破网店的流量瓶颈,开辟新的推广渠道,从而提高店铺的流量以增加商品销售。

任务分解

张小明团队在开展了促销及付费推广活动之后，决定继续尝试内容推广，接下来将学习以下推广渠道：①淘宝直播；②微淘；③抖音短视频。借助新媒体软件和平台制作高质量的商品内容，以此吸引消费者的关注，直击消费者的痛点，有效提升消费者的购买意愿，进一步增加店铺运营活力，提升店铺整体销量。

活动1　开展淘宝直播推广

活动背景

为了增加店铺的人气，张小明的团队计划进行一场淘宝直播，对网店的明星商品进行详细介绍和推广。在开展淘宝直播之前，团队成员决定首先学习淘宝直播开通的方法以及直播的方法和技巧。

活动实施

第1步： 开通淘宝直播权限。

操作1：手机下载淘宝"淘宝主播App"（电脑端无法入驻），以安卓手机为例，在手机端的"应用市场"中搜索"淘宝主播"，选择第一个软件安装，如图4.3.1所示。

操作2：选择商家入驻通道，如图4.3.2所示。

操作3：用店铺主号登录淘宝直播App，点击创建直播，如图4.3.3所示。

图4.3.1　下载淘宝主播App　　　图4.3.2　商家入驻通道　　　图4.3.3　创建直播

操作4：点击"我是商家"，根据提示操作即可，系统会自动校验店铺是否符合开通要求，如图4.3.4所示。

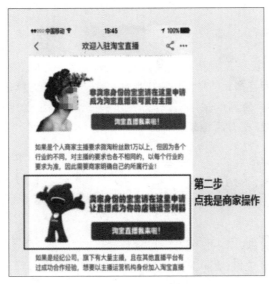

图4.3.4 选择我是商家

📋 拓展思考

　　若入驻直播时提示：该账号不能入驻，您的综合竞争力不足，则说明您店铺的综合数据不符合直播要求，无法开通，请问这时该怎么办？

　　建议提升店铺的综合数据，店铺的综合数据包括但不仅限于以下数据：店铺DSR动态评分，品质退款，退款纠纷率，消费者评价情况，虚假交易，店铺违规等。

📋 知识窗

　　淘宝直播开通规则

　　首次开通要求如下：

　　①符合类目要求。

　　非天猫限制直播的类目，限制类目：如保健品，虚拟类目，OTC计生用品等类目无法开通直播。注意：天猫看的是一级类目，只要一级类目不符合，店铺将无法开通直播；如果遇到限制类目但其他商家有直播权限，则说明该店铺是被邀约的；邀约没有具体的规则，但一般来说该店铺的品牌知名度高，综合店铺数据好，才有可能被邀约。

　　②店铺符合天猫营销活动规则。

　　以上两个条件满足即可申请入驻。

第2步： 发起一场直播活动。

📋 知识窗

　　发布直播前的准备

　　·确保稳定的Wi-Fi或移动网络；

　　·下载或更新到最新版本的手机淘宝；

　　·手机设定中允许手机淘宝试用麦克风；

　　·在情况允许的条件下加配补光灯及防抖效果，以保证直播质量达到最佳效果。

方式一：PC端中控台发布直播

操作1：百度搜索"淘宝直播"，进入淘宝直播网站首页后，输入网店账号、密码，进入淘宝直播PC中控台，点击"发布直播"按钮，如图4.3.5所示。

图4.3.5　创建普通直播

操作2：填写直播信息——直播封面图、类型、标题、内容简介、选择频道栏目、直播地点、添加宝贝如图4.3.6所示，点击"发布"按钮，正式发起直播。

图4.3.6　填写直播信息

操作3: 点击"正式开播"按钮, 如图4.3.7所示, 会进入倒计时, 5秒内将会发布直播。在发起直播后, 要进行推流, 直播才能被看到。

操作4: 查看直播实时数据, 可通过点击"结束直播"按钮结束直播, 如图4.3.8所示。

图4.3.7 选择正式开播

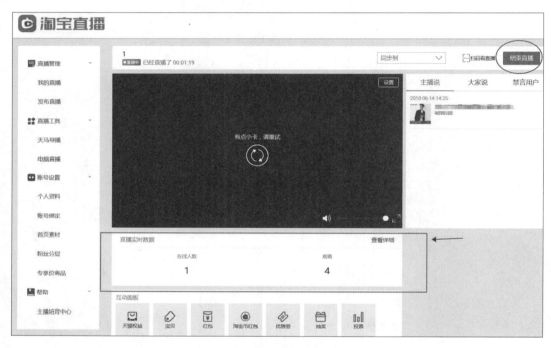

图4.3.8 结束直播

方式二: 手机端发布淘宝直播

操作1: 打开已下载的淘宝直播App, 点击创建直播, 如图4.3.9所示。

操作2: 填写直播信息——直播封面图、类型、标题、内容简介、选择频道栏目、直播地点、添加宝贝, 如图4.3.10所示; 点击"创建直播"按钮, 选择是否开启高清模式(需要宽带速度4MB以上)如图4.3.11所示, 然后进入直播间。调整展示角度、灯光等后, 点击右下方的"开始直播"按钮, 正式发起直播。

图4.3.9　创建直播　　　　图4.3.10　填写直播信息　　　图4.3.11　是否开启高清模式

操作3：切换到在线状态，通过界面左上角"观看数"，可查看观看直播的人数，如图4.3.12所示。

操作4：通过点击底栏的"+"号，如图4.3.13所示，点击"粉丝推送"启动粉丝推送功能，这样粉丝就能收到你的开播提醒，每天只能推送一次。

操作5：在直播界面，向右滑可以查看直播即时数据，如图4.3.14所示。

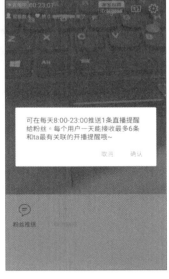

图4.3.12　切换在线状态　　　图4.3.13　粉丝推送功能　　　图4.3.14　查看直播即时数据

第3步： 在直播间添加宝贝及推广宝贝。

1.直播前添加宝贝

·PC端操作：点击"商家中心" → "营销工具中心" → "淘宝直播" → "发布直播页面底端" → "添加宝贝" → "点击宝贝链接" → "最近发布"，如图4.3.15所示，添加宝贝。

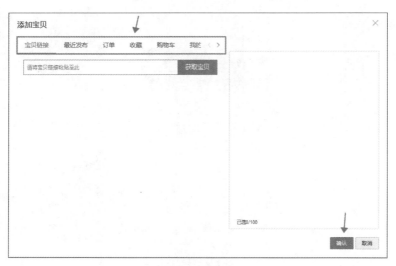

图4.3.15　PC端添加宝贝

·手机端："淘宝直播App" ——→ "创建淘宝直播" ——→ "填写好所有信息" ——→ "添加宝贝" ——→ "加号" ——→ "选择需要直播的宝贝"，添加确认即可，如图4.3.16、图4.3.17所示。

图4.3.16　添加宝贝

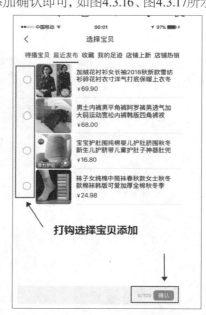

图4.3.17　选择宝贝

2.直播中添加宝贝

·PC端："商家中心" ——→ "营销工具中心" ——→ "淘宝直播" ——→ "进入中控台" ——→ "互动面板" ——→ "宝贝"，进行添加宝贝，如图4.3.18、图4.3.19所示。

·手机端："淘宝直播App" ——→ "点击白色购物袋按钮" ——→ "选中需要添加的宝贝"，即可添加成功，如图4.3.20所示。

图4.3.18　进入PC端中控台

图4.3.19　PC端添加宝贝

图4.3.20　手机端添加宝贝

第4步： 在互动面板进行玩法设置。

1.如何设置红包

设置红包入口："进入中控台" ⟶ "互动面板" ⟶ "红包" ⟶ "创建红包"（使用该页面出现的"创建红包"按钮设置红包） ⟶ "创建红包模板"（使用谷歌浏览器创建，红包类型选择支付宝红包）；然后根据提示创建红包即可，如图4.3.21—图4.3.23所示。

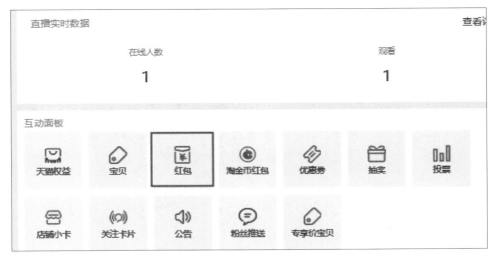

图4.3.21　互动面板中的红包入口

图4.3.22　创建红包界面

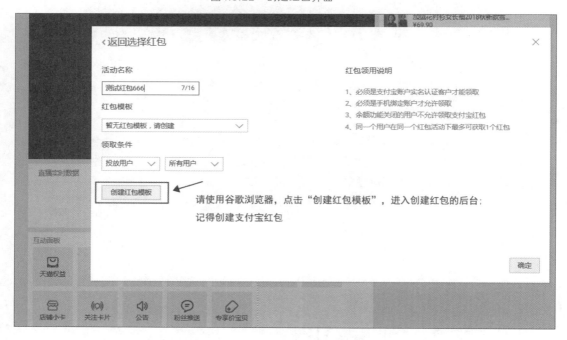

图4.3.23　创建红包模板界面

2.如何设置优惠券

可以先设置优惠券，设置成功后，在开播过程中发放优惠券；也可以先进行直播，在直播过程中再创建优惠券。

☐ 知识窗

直播中如何发放/创建优惠券?

进入直播中控台,开始直播后,点击互动面板下方"优惠券"选项,如图4.3.24所示;选择已创建的优惠券或者新建优惠券,如图4.3.25所示。必须设置全网自动推广优惠券,营销工具中心展示的直播优惠券因功能还不完善,暂不使用。

图4.3.24 选择优惠券界面   图4.3.25 创建优惠券模板

3.如何设置抽奖

设置抽奖入口:在直播中控台界面中点击"抽奖",如图4.3.26所示;输入奖品信息及中奖人数,点击"开始抽奖"即可,如图4.3.27所示;收看端会显示抽奖倒计时及点击参与抽奖。抽奖发布后不可撤回,抽奖结束后主播可以在后台查看中奖名单和阿里旺旺信息,以便安排领奖事宜,如图4.3.28所示。

图4.3.26 选择抽奖界面

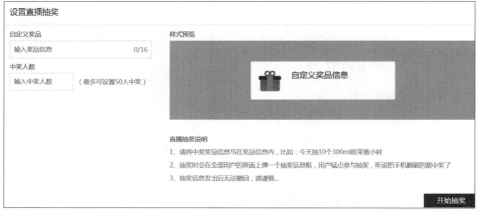

图4.3.27 直播抽奖设置

图4.3.28 查看中奖名单

4.如何设置店铺小卡

设置店铺入口: 进入"直播中控台"——→"互动面板"——→"店铺小卡"页面设置, 如图4.3.29、图4.3.30所示; 设置成功后, 在淘宝直播页面中会出现进入页面的引导卡片, 如图4.3.31所示, 方便消费者直接进入商家的店铺。注意: 为避免频繁发送, 打扰消费者, 目前系统做了限制, 10分钟内只能发一次。

图4.3.29 店铺小卡设置入口

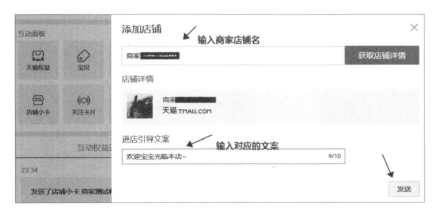

图4.3.30 店铺小卡设置界面

图4.3.31 店铺小卡设置后的效果图

活动评价

通过本次活动的学习,张小明团队成员了解了淘宝直播的相关设置并掌握了淘宝直播的推广方法,尤其是在直播中红包、优惠券、抽奖店铺小卡等活动的设置方法。

活动2 开展微淘推广

活动背景

微淘自2013年成立以来,一直致力于为达人和商家提供内容平台服务。微淘对商家来说,是商家面向消费者进行自营销的内容电商平台。通过微淘,商家可以进行粉丝关系管理、品牌传递、精准互动、内容导购等。微淘对消费者来说是优质消费内容的聚集地,消费者通过微淘,观看商家、达人的种草内容,从而发现想购买的商品,通过更为真实的内容分享体验来进行购买决策。本次活动中,张小明团队将重点学习微淘推广方法。

活动实施

🖿 知识窗

微淘有哪些类型?

①图文教程:深度评测类长文创作,自由度高,多元素组件灵活编辑。

②短视频:分享有趣好玩的视频内容获得用户关注。

③店铺动态:升级原有的PC图集,重点分享店铺日常事件、活动信息,和粉丝进行交流。

④转发:转发和传播其他优质创作者的原创内容。

⑤店铺上新:分享店铺最新宝贝,介绍新品卖点、风格、潮流趋势,帮助提升新品转化。

⑥好货种草:通过实拍的商品和场景图片,真实描述商品的特色以及使用感受,帮助粉丝种草。

⑦买家秀:精选优质的买家有图评价发布,帮助完成商品转化,拉近与粉丝联系。

⑧主题清单:发布同类主题的宝贝集合,重点突出同一类型货品特色,帮助提升关联货品推荐。

⑨粉丝福利:发布粉丝专属福利,拉动粉丝活跃度与对店铺的认可度,即将上线。

如何开展微淘推广? 首先在浏览器搜索"阿里创作平台", 搜索后用店铺的账号和密码登录。接下来就可以进行微淘操作, 发布微淘的方法步骤如下(以店铺上新为例):

第1步: 选择"发微淘" ——➤ "店铺上新" ——➤ "立即创作", 如图4.3.32所示。

图4.3.32 微淘的主界面之选择店铺上新

第2步: 认真完成"这篇文章想想对粉丝说什么"这个栏目的内容, 该内容会在关注频道、上新频道、店铺微淘动态中进行展示, 如图4.3.33所示。

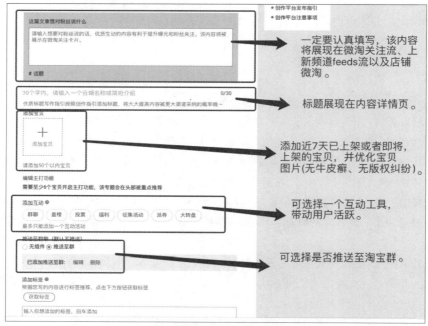

图4.3.33 微淘创作界面

第3步：填写标题。标题展现在内容详情页，用于内容在其他场景中的分发，如图4.3.33所示。

第4步：添加宝贝，点击完善资料，如图4.3.34所示；更换宝贝主图，如图4.3.35所示。注意：一定要对宝贝进行图片优化，只有设计精美、卖点突出的图片才能吸引用户点击。

图4.3.34 微淘之添加宝贝界面

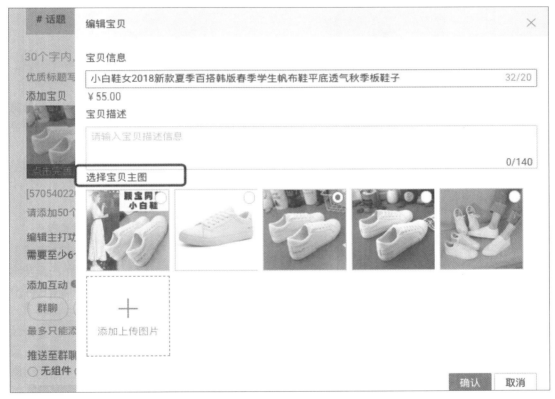

图4.3.35 更换宝贝主图

第5步: 选择发布时间,可以选择立即发布,也可以预设定时发布,如图4.3.36所示。

图4.3.36 设置发布时间

📋 知识窗

关联互动组件的使用说明

通过微淘互动工具派发店铺优惠券。

·玩法1: 盖楼

商家可运用盖楼互动工具发起有奖(或无奖品)的盖楼游戏,按照"楼层百分比中奖""楼层整数倍数中奖""楼层尾号中奖""指定楼层中奖"4种形式设置对应的奖品,在主题上可以选择和自己店铺或品牌相关的盖楼主题,通过商家的渠道触达用户后,用户参与盖楼。

·玩法2: 投票

商家可运用投票工具发起互动,可以"文字""图片""商品"3种类型来选择投票页面的样式,通过商家的渠道触达用户后,用户参与投票。

·玩法3: 福利

商家可运用福利互动工具生成店铺优惠券的链接,通过商家的渠道触达用户之后,用户领取福利。

·玩法4: 征集

用投票互动工具发起有奖(或无奖品)的征集活动。

·玩法5: 切红包

商家可设置日常切红包的玩法,通过官方发奖工具进行奖品发放。

·玩法6: 大转盘

商家可设置抽奖参与门槛(关注/收藏/加购/购买),提供消费者抽奖机会,通过官方发奖工具进行奖品发放。

·玩法7: 分享有礼

在宝贝详情页中直接透出活动,分别设置分享者及回流者的不同权益,通过用户间分享拉回用户。

·玩法8: 派券

活动评价

通过本次活动的学习,张小明团队成员能了解到微淘推广的类型、发微淘的操作方法和相关设置,以及关联互动工具的使用说明。

活动3　开展抖音短视频推广

活动背景

抖音短视频爆红以来，活跃用户不断增长，凭借其粉丝量大、引流力和变现力强的优势，成为众多品牌营销的新风向。张小明运营团队也决定结合自己店铺的商品，在抖音上进行内容推广，以扩大店铺的知名度，吸引更多网店流量。

活动实施

操作1：录制商品短视频如图4.3.37所示。

图4.3.37　录制商品视频

操作2：在抖音发布短视频。

（1）登录抖音账号，点击主界面下方中间的"+"号。

（2）点击左上角的"上传视频"按钮，如果需要现场录制视频，可以选择右上角的"开拍"按钮，如图4.3.38所示。

（3）根据计划选取视频的时长和播放速度，然后点击"下一步"按钮，如图4.3.39所示。

（4）为视频配上音乐、特效、封面和滤镜等，然后点击"下一步"按钮，如图4.3.40所示。

（5）填入和粉丝互动的内容，然后进行发布，如图4.3.41所示。

图4.3.38　上传视频图

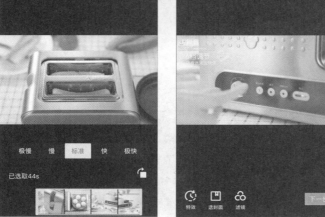

图4.3.39　选取视频时长和播放速度　　图4.3.40　视频元素设置　　图4.3.41　发布抖音视频

操作3：向其他渠道推广抖音短视频。

选择"…"，然后推送至朋友圈、微信好友、QQ空间等，如图4.3.42、图4.3.43所示。

图4.3.42　视频审核界面　　4.3.43　抖音视频推广界面

🖿 知识窗

抖音商品橱窗推荐

1. 申请条件

发布视频≥10个（非隐私且审核通过视频），需要完成实名认证。

2. 获得权益

（1）拥有个人主页商品橱窗，支持添加平台精选商品或淘宝、京东、考拉等第三商品。

（2）支持在视频中添加带货商品。

（3）支持登录PC管理平台。

3. 如何开通商品分享功能

确保更新到最新版，在[我]—[≡]—[创作者服务中心]—[商品分享功能]进行申请。

活动评价

通过此次活动，同学们掌握了视频软件的推广手段，带动了店铺的销售。

合作实训

实训1 以6~10人为一小组，各小组同学结合自身情况，在PC端发布一场直播，并完成下表。

操作项目名称	请在完成项打√	操作项目名称	请在完成项打√
淘宝直播权限		添加宝贝/推广宝贝	
设置红包		设置优惠券	
设置抽奖		设置店铺小卡	

实训2 同学们分别撰写一篇好货种草和主题清单，并在下表中使用到的工具选项中打√。

盖楼		投票	
福利		征集	
切红包		大转盘	
分享有礼		派券	

实训3 以6~10人为一小组，各小组同学结合自身情况，发布一条抖音引流视频，并推送至少两个社交平台（如QQ、微信、微博等）。

项目总结

促销和推广是网店运营中较为重要的内容，直接决定着网店运营的成效。通过本次项目的学习，张小明团队成员了解了网店促销的作用，掌握了促销打折、满减、包邮、优惠券设置、淘金币活动等促销手段。重点学习了网店推广的较为直接和有效的推广方式，如直通车推广、淘宝客推广、超级钻石展位等付费推广的方法，并通过项目实践加深团队学习的效果。同时也学习了直播、微淘及抖音等内容推广方式，通过网店促销和推广等操作，可以进一步增加店铺访问量、商品点击率、转化率，最终促进商品销售，提升店铺运营效果。

项目检测

1. 单项选择题（每题只有一个正确答案，请将正确的答案填在括号中）

（1）以下选项中不属于网店促销活动的意义的是（   ）。

　　A. 店铺引流　　　B. 提高转化率　　　　　C. 增加点击量　　　　　　　D. 增加退货率

(2) 信用为三星以下的新手卖家可以免费试用淘宝官方的优惠券服务（　　　）天。

  A.10   B.5   C.15   D.20

(3) 开通淘金币服务必须要符合近（　　　）天支付宝支付金额(元)≥（　　　）。

  A.60；1   B.60；0.5 C.90；0.1 D.30；0.1

(4) 以下哪个不是淘宝直通车首页包含的内容？（　　　）

  A.推广   B.报表   C.工具   D.价格

(5) 直通车首次充值金额不少于（　　　）元？

  A.200   B.300   C.100   D.500

(6) 卖家和指定淘宝客合作，最多可与（　　　）个淘宝客合作？

  A.20   B.50   C.40   D.30

(7) 超级钻展的首页不包含以下哪个内容？（　　　）

  A.图片信息 B.升级信息 C.数据信息 D.账户信息

(8) 超级钻展每次充值的金额必须大于等于（　　　）元？

  A.300   B.200   C.100   D.500

(9) 下列不属于直播特征的是（　　　）。

  A.真实性   B.实时性   C.互动性   D.严肃性

(10) 下列反映主播的直播控场能力的是（　　　）。

  A.建立个人IP   B.突出商品亮点

  C.营造直播间氛围   D.灵活运用专业词汇讲解

(11) 关于直播间灯光的摆设，下列灯光不能反映主播轮廓的是（　　　）。

  A.辅助光   B.主光   C.轮廓光   D.顶光

(12) 下列商品来源中，利润很高，适合超级头部主播的是（　　　）。

  A.分销平台 B.供应链 C.自营品牌 D.合作商

(13) 下列商品类型中，需要用户加入粉丝团之后才能获得抢购机会的是（　　　）。

  A."引流"款 B.印象款 C.福利款 D.利润款

(14) 下列属于主播直播基本能力的是（　　　）。

  A.语言表达能力   B.商品讲解能力

  C.直播控场能力   D.商品带货能力

(15) 下列直播标题中属于"传达利益点"的是（　　　）。

  A.母婴生活用品，快来抢购！   B.减脂塑形，轻松瘦身！

  C.太大了！海水大虾！   D.纯棉加绒卫衣1折起

(16) 在人数不多的新直播间，采用派发红包的方式提升直播间人气，下列做法中不正确的是

（　　　）。

  A.让用户进入粉丝群，在群内发红包 B.介绍完一款商品后立刻发红包

  C.拿着手机对着镜头展示抢红包的人数 D.让用户关注主播

(17) 下列不属于室内直播设备的是（　　　）。

  A.视频摄像头   B.电容话筒

  C.灯光设备   D.手持稳定器

2.**多项选择题**(每题有两个或两个以上的正确答案,请将正确的答案填在括号中)

(1)下面属于网店促销活动的有(　　　)。

　　A.打折促销　　　　　　　　　　　　B.店铺优惠券

　　C.淘金币抵扣　　　　　　　　　　　D.包邮

(2)网店促销中满减活动有哪两种类型?(　　　)

　　A.满元　　　　　B.满量　　　　　C.满件　　　　D.满意

(3)直通车展位展示商品的信息包括(　　　)。

　　A.创意图　　　　　B.商品价格　　　　C.销量　　　　D.创意标题

(4)直通车的展示位有哪些?(　　　)

　　A.定向推广展示位　　　　　　　　　B.频道活动展示位

　　C.天猫页面展示位　　　　　　　　　D.淘宝站外展示位

(5)影响直通车质量分的要素有哪些?(　　　)

　　A.商品价格　　　B.创意质量　　　　C.相关性　　　D.买家体验

(6)影响直通车点击率的核心要素有哪些?(　　　)

　　A.关键词　　　B.位置　　　　　　C.标签　　　　D.质量

(7)影响直通车转化率的核心因素有哪些?(　　　)

　　A.关键词　　　B.时间段　　　　　C.标签　　　　D.地域

(8)直通车工具页左侧导航栏包括哪些内容?(　　　)

　　A.营销雷达　　B.智能出价　　　　C.流量智选　　D.趋势明星

(9)淘宝客推广的作用有哪些?(　　　)

　　A.积累销量　　B.少花钱　　　　　C.提升权重　　D.提高转化率

(10)淘宝客推广的形式有哪些?(　　　)

　　A.线下推广　　B.鹊桥活动　　　　C.如意投　　　D.定向计划

(11)根据淘宝客推广使用的平台可将淘宝客分为哪几大类?(　　　)

　　A.平台型　　　B.联盟型　　　　　C.达人型　　　D.忠实客户型

(12)在超级钻展推广中,根据消费者和店铺的远近关系可划分为哪三个圈层?(　　　)

　　A.未知人群　　B.泛兴趣人群　　　C.兴趣人群　　D.推广人群

(13)一般情况下,哪些类目属于限制淘宝直播的类目?(　　　)

　　A.保健品　　　B.手机　　　　　　C.虚拟类目　　D.计生用品

(14)下列属于教育类直播平台的有(　　　)。

　　A.淘宝直播　　B.小鹅通　　　　　C.美拍　　　　D.千聊

(15)在直播过程中,为了让用户加深对直播的兴趣,长时间停留在直播间,并产生购买行为,主播可以使用(　　　)等方式。

　　A.营销话术　　B.发红包　　　　　C.发优惠券　　D.才艺表演

(16)关于直播预热方式,下列属于私域场景的有(　　　)。

　　A.商品详情页　　　　　　　　　　　B.店铺微淘轮播页

　　C.微博、微信公众号　　　　　　　　D.短视频平台的账号简介

(17)主播在粉丝运营时,下列方法能够提升粉丝黏性的是(　　　)。

　　A.引导粉丝加入粉丝团　　　　　　　B.打造人格化IP

  C.创作优质内容   D.高效互动

(18)下列促销活动中,属于奖励促销的有( )。

  A.签到有礼   B.定时打折清货

  C.赠送优惠券   D.第二份半价

(19)下列属于主播助理工作内容的有( )。

  A.确认直播场地   B.提示用户关注主播

  C.主播离席时及时补位   D.全方位配合主播

(20)主播在设计直播营销话术时要如何做?( )

  A.话术设计口语化,富有感染力   B.将话术作为模板套用

  C.话术配合情绪表达   D.语速和语调适中

(21)下列直播间选品策略中,属于高性价比的有( )。

  A.商品具有特色   B.全网最低价

  C.无条件退换   D.赠送大额优惠券

3.判断题(正确的画"√",错误的画"×")

(1)店铺促销折扣一旦设定成功后,则不能再修改折扣。   ( )

(2)直通车PC端搜索结果页带"HOT"标识,而无线端则带"掌柜热卖"标识。 ( )

(3)直通车综合排名=直通车出价×质量分,其中质量分为1~20分。 ( )

(4)在直通车扣费公式中下一名的质量分和下一名的出价是可以控制的。 ( )

(5)直通车的核心要素为点击率和转化率。   ( )

(6)直通车的推广方式分为标准推广和智能推广。   ( )

(7)淘宝客推广是按点击付费的营销推广工具。   ( )

(8)淘宝客主推商品的佣金率可与类目佣金率不同,但定向计划的佣金率须高于通用计划的佣金率。   ( )

(9)对于可加工的食品,主播可进行现场制作并体验式直播。   ( )

(10)带有营销性质的直播应追求"在线观看人数",而不是"目标用户在线观看人数"。

                                   ( )

(11)直播关闭之后意味着整个直播工作的结束。   ( )

(12)主播只要人气高,带货能力一定不会差。   ( )

(13)主播是直播的灵魂,助理是直播的核心。   ( )

(14)最好用销售的商品来装饰直播间,如用摆满商品的货架作为背景。 ( )

(15)在电商直播时,主播给用户的赠品要与商品有关联。   ( )

4.分析题

(1)网店运营经理获得了一笔2万元的直通车推广费用,请各小组成员按照角色分工,从财务经营的角度,结合店铺运营的产品,做一份直通车推广成本和收益的分析报告。

(2)请分析淘宝客与直通车付费推广之间的相同和不同之处。

项目4
项目检测答案

项目 5
网店流量解析与 SEO 优化

▢ 项目综述

在掌握了必要的推广手段并开展了多种推广活动后，店铺积累了各类数据，张小明团队为了促进成交转化率的提升，计划针对网店运营的各类数据进行解析，尤其是流量数据。流量直接关系到店铺的成交转化和经营利润。本项目重点介绍流量关键词的分析和SEO优化，这两部分是店铺日常运营的核心内容。

店铺后台积累的各类数据是制定下一步店铺运营策略的依据，张小明和团队成员进行了分工，将从店铺流量数据、店铺流量分析、宝贝标题优化等几个方向着手，重点对网店流量进行全面分析，结合流量分析后继续开展店铺SEO优化工作。

▢ 项目目标

通过本项目的学习，应达到的具体目标如下：

知识目标
◇了解市场数据的来源
◇了解生意参谋的数据查看
◇了解访客数、浏览量、跳失率等淘宝数据
◇了解访客分析及流量动线分析的方法
◇了解影响淘宝搜索排名的因素
◇掌握网店宝贝标题的优化方法
◇掌握网店宝贝上下架时间的策略安排
◇掌握网店宝贝基本信息的优化方法

能力目标
◇能掌握生意参谋数据的查询方法
◇能掌握淘宝流量的几个重要参数的意义
◇能够对访客数据进行简要分析
◇能掌握流量动线分析方法并制订店铺的推广方案
◇有网店SEO优化的思维模式
◇能够对宝贝标题进行优化
◇能够对宝贝进行上下架优化
◇能够对宝贝基本信息进行优化

升学考试目标

◇了解网店运营数据对于店铺经营决策的重要意义及网店经营数据的查找渠道

◇了解访客数、浏览量、跳失率、停留时长等经营数据等参数并掌握分析方法,通过数据分析不掌握网店客户的消费习惯和消费特点

◇掌握店铺经营流量的KPI指标,并学会对流量进行分析和挖掘

◇了解SEO的优化原理,并了解提升搜索排名的策略和方法

◇学会店铺商品标题优化、上下架时间优化及商品信息优化的方法,掌握优化策略,提升商品质量和排名

◇掌握直播、抖音、微淘、社交软件等内容推广方式的使用方法和策略

素质目标

◇培养学生收集和分析运营数据的信息素养,以及用数据帮助决策的科学素养

◇培养学生团队协助的意识、创新力和洞察力

◇培养学生在店铺运营和优化中精益求精的工匠精神

◇培养学生的店铺运营和管理意识

◇培养学生综合分析问题、解决问题的能力

◇培养学生数据挖掘的思辨能力

▣ 项目思维导图

任务1
网店流量分析

情境设计

流量是店铺运营的重要参考数据,正常经营的店铺每天会产生大量的和流量相关的数据,如PV、UV、成交转化率、加购率、页面停留时长、关键词点击率、引导加购数、引导收藏数、下单转化率等。如何恰当巧妙地解析数据,以及利用店铺、竞争对手和平台行业数据,让这些流量数据更好地为店铺运营服务,是张小明团队接下来重点要学习的内容。

任务分解

解析店铺流量数据要从宏观和微观两方面着手,张小明团队成员将学习:①总览店铺流量数据;②分析店铺流量两方面内容,从宏观的行业数据分析开始,再以微观的店铺流量数据为突破口,深入解析店铺流量数据以及和流量密切相关的推广词,通过对流量的解析以帮助店铺做出合理的线上推广决策。

活动1　总览店铺流量数据

活动背景

网店流量是体现店铺运营效果的重要数据,学会看懂流量数据是店铺运营的关键一环。网店在经营一段时间后,会积累大量的数据,如何在众多数据中进行分类、整理、挖掘,并根据这些数据来优化店铺运营,是张小明团队急需掌握的能力。

活动实施

淘宝流量来源众多,包括淘内免费流量、付费流量、淘宝站外流量,其中免费流量又包括手淘首页、自主访问流量、微淘、旺信等众多流量来源,这些数据可以通过生意参谋的流量分析查看。

第1步: 打开生意参谋,对淘宝流量进行总览。

在百度搜索生意参谋,打开生意参谋网站后台,点击导航栏中的"流量",可以查看店铺流量总览,如图5.1.1所示。下面我们一起来看看涉及流量的几个重要的数据名词。

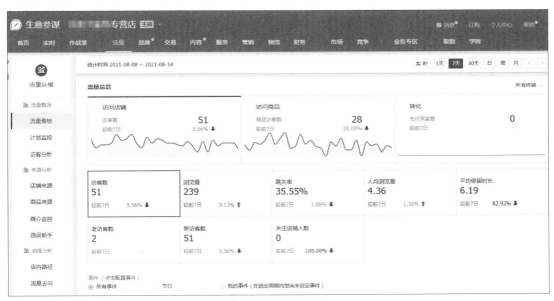

图5.1.1　流量总览

1.访客数

访客数(Unique Vistor, UV)是指同一台计算机在一天内浏览某网站或者页面的次数,不论浏览多少次页面,一台计算机一天内只记录一次。UV值越高,表示网店被访问的客户数量越高。

2.浏览量

浏览量（Page View, PV）是指某个页面被浏览的次数，同一访客反复浏览同一个页面，每次浏览都会被记录为一次浏览量。PV是评价网店流量最常用的指标之一，也是用来衡量网店用户关注度的重要指标。PV值越高，表示网店页面被浏览的次数越多。

□ 知识窗

UV和PV可以反映店铺的基础运营状况

①如果PV值和UV值都较高，但是店铺成交量较低，可以加大店铺促销力度；

②如果UV值上升，而PV值下降，应该做好店铺关联及店铺活动促销的力度；

③如果UV值下降，PV值上升，应该做好店铺内容优化以便留住并转化为客户。

3.跳失率

跳失率是指进入网站浏览了一个页面后就离开的访客占所有网站访客的比例，其公式如下：

跳失率=只浏览一个页面就离开的访客/所有网站访客。跳失率是衡量被访问页面的一个重要因素，跳失的原因主要是消费者搜索点击到达的页面与预期的不符，导致离开页面。

网店内容与消费者需求不符是导致跳失率过高的主要原因，可通过优化商品主图、详情页的设计，优化网店页面分类、导航、搜索栏等内容，以期达到或接近消费者预期。

4.人均浏览量和平均停留时长

人均浏览量又称为访问深度，是指用户一次连续访问的店铺页面数。平均停留时长是指用户打开页面到离开页面的时间间隔。人均浏览量越多，平均停留时长越长，表明用户对网店中的商品越感兴趣，用户体验度越高，网店的黏性也越好。那有什么办法能让进入网店的消费者多停留、多逛逛呢？

可以通过优化好网店的导航栏，减少消费者查找店内页面的时间；合理的关联营销，增加消费者的购物兴趣、浏览量以及停留时长，同时还会增加买家的购买概率；引导消费者收藏或者加购，成为老客户并做好老客户维护。

第2步： 进入生意参谋后台，开展店铺的访客分析。

进入生意参谋，点击左侧导航栏"访客分析"。可以查看访客分布，包括时段分布、地域分布、特征分布、行为分布。所有数据都可下载。

1.时段分布

可以查看消费者访问店铺的时间段，如图5.1.2所示。在一段时期内消费者访客较多的时间

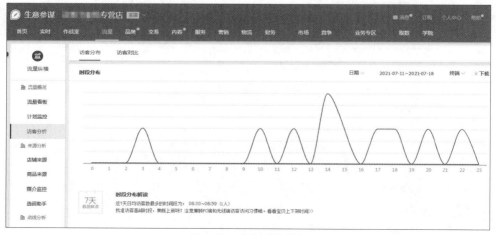

图5.1.2 访客时段分布

段,可以根据淘宝SEO规则"淘宝商品离下架时间越近排名越靠前"来合理安排商品上下架时间,增加展现给消费者的概率。

2.地域分布

查看访客的地域分布,如图5.1.3所示。不同的商品类型,消费者的地域偏好不一样。如北方的羽绒服、围巾等商品的销量要比南方好。可以根据自身商品的访客地域分布,有针对性地开展促销推广活动,如增加关联营销、优惠券或满减活动地域性投放、直通车付费推广地域性投放等。

图5.1.3   访客地域分布

3.特征分布

查看访客淘气值、消费层级、性别和店铺新老访客,如图5.1.4所示。淘气值和消费层级直接关系店铺的客单价。淘气值越高,访客购物频率越高;消费层级越高,消费者购物金额越大。可以通过以上4个数据查看店铺的消费者行为特征,有针对性地优化营销推广策略。同时可以根据店铺访客性别开展店铺页面装修,如女性访客占比达到了70%以上时完全可以将店铺装修女性化。店铺新老访客占比可以反映店铺新访客推广效果及老客户维护效率,如老客户占比较大,可以增加老客户优惠力度,同时加大新客户推广和挖掘。

特征分布				日期 ∨	2021-07-16~2021-08-14		所有终端 ∨
淘气值分布 ⑦				**消费层级**			
淘气值	访客数	占比	下单转化率	消费层级(元) ⑦	访客数	占比	下单转化率
601-800	3	25.00%	0.00%	55.0-110.0	4	33.33%	0.00%
400及以下	2	16.67%	0.00%	0-55.0	3	25.00%	0.00%
501-600	2	16.67%	0.00%	110.0-220....	3	25.00%	0.00%
801-1000	2	16.67%	0.00%	220.0-575....	1	8.33%	0.00%
1000+	2	16.67%	0.00%	1290.0以上	1	8.33%	0.00%
401-500	1	8.33%	0.00%				
性别 ⑦				**店铺新老访客** ⑦			
性别	访客数	占比	下单转化率	■新访客 ■老访客 访客类型	访客数	占比	下单转化率
男	2	20.00%	0.00%	新访客	9	90.00%	0.00%
女	7	70.00%	0.00%	老访客	1	10.00%	0.00%
未知	1	10.00%	0.00%				

图5.1.4   访客特征分布

4.行为分布

可以查看客户方为店铺关键词来源TOP5及浏览量分布,如图5.1.5所示。可以通过此项数据优化店铺关键词及店铺导航,增加店铺人均浏览量。

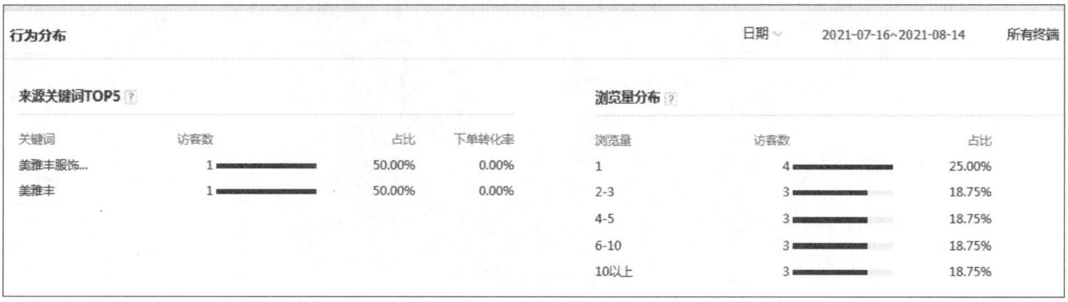

| 行为分布 | | | 日期 ~ | 2021-07-16~2021-08-14 | 所有终端 |

来源关键词TOP5 ⑦				浏览量分布 ⑦		
关键词	访客数	占比	下单转化率	浏览量	访客数	占比
美雅丰服饰...	1	50.00%	0.00%	1	4	25.00%
美雅丰	1	50.00%	0.00%	2-3	3	18.75%
				4-5	3	18.75%
				6-10	3	18.75%
				10以上	3	18.75%

图5.1.5 访客行为分布

活动评价

通过本次活动的学习,张小明团队了解了在日常店铺运营中需要重点查看的数据指标及数据查看路径,同时也结合生意参谋后台对数据进行初步分析,确定店铺运营状态并给出运营优化方向。

活动2 分析店铺流量

活动背景

张小明团队已学习了店铺流量相关的几个重要KPI指标,并掌握查看当天的店铺流量数据的方法,对店铺运营基本情况有了一定的了解。如果要持续对店铺进行优化和调整,还需要了解网店的流量规模、质量、结构等信息,通过了解流量变化趋势,针对数据进行分析,及时给出合适的优化策略,促进商品成交。本次活动张小明团队即将开展针对流量来源和流量动线分析的相关工作。

流量来源
分析视频

活动实施

第1步: 进入店铺生意参谋页面,针对流量来源进行分析。

1.店铺流量来源构成

如图5.1.6、图5.1.7所示,店铺流量来源构成可以清楚地查看到店铺流量的来源。可以有针对性地查看某一类流量对应的访客数、下单买家数、下单转化率等超过15项数据指标。如果需要查看全部数据,需要订购流量纵横专业版。对某个时期流量变化较大的情况进行分析,找到流量变化原因。如淘内免费流量在某一个时间段突然增大,运营者需要针对此情况进行分析,是因为老顾客回购较多还是增加了推广力度,找到原因,并进一步增加引流力度。

图5.1.6　店铺流量来源构成TOP一级来源

图5.1.7　店铺流量来源构成明细

2.流量来源排行TOP10

通过流量来源排行TOP10可找到店铺流量来源的主要渠道,根据流量来源的相关数据,如访客数、下单买家数和下单转化率等,决定店铺优化的方向,适当调整免费流量与付费流量占比。对于免费流量可以通过加大收藏引导、加购引导、优惠力度等途径,增加展示给消费者的概率。每一类流量最后一列含有超链接"人群透视",可通过人群透视功能,了解店铺消费者的行为习惯,进而调整店铺优化策略,如图5.1.8所示。

排名	来源名称	访客数 ⇕	下单买家数 ⇕	下单转化率 ⇕	操作
1	我的淘宝 较前30日	124 -12.06%	0 -	0.00% -	人群透视 趋势 商品效果
2	淘内免费其他 较前30日	55 -6.78%	0 -	0.00% -	详情 人群透视 趋势 商品效果
3	手淘微淘 较前30日	53 +43.24%	0 -	0.00% -	人群透视 趋势 商品效果
4	猫客其他店铺 较前30日	5 -37.50%	0 -	0.00% -	详情 人群透视 趋势 商品效果
5	手淘旺信 较前30日	4 0.00%	0 -	0.00% -	人群透视 趋势 商品效果
6	手淘搜索 较前30日	4 -60.00%	0 -	0.00% -	详情 人群透视 趋势 商品效果
7	手淘其他店铺商品详情 较前30日	4 +100.00%	0 -	0.00% -	详情 人群透视 趋势 商品效果
8	购物车 较前30日	3 -57.14%	0 -	0.00% -	人群透视 趋势 商品效果
9	手淘其他店铺 较前30日	2 -66.67%	0 -	0.00% -	详情 人群透视 趋势 商品效果
10	手淘首页 较前30日	2 +100.00%	0 -	0.00% -	人群透视 趋势 商品效果

流量来源排行TOP10　　　　　　　　　　　　　　　无线端 ∨　　店铺来源 〉

图5.1.8　流量来源排行TOP10

3.商品来源

商品来源如图5.1.9所示。商品来源可以清楚地查看到商品流量排行榜，可以通过此项数据了解店铺哪一类商品访客数高、支付转化率高，以此分析对应的商品推广的效果。因此可以根据此数据进行测款，前期通过查看商品流量了解商品是否在热卖期或是在销售低谷期，据此店铺运营者可以将一部分商品换季，同时上架一部分新的商品进行测款，以流量高的商品通过关联营销等形式引流到新款商品，提高客单价的同时进入新款商品的销售上升期。

图5.1.9　流量来源——商品来源

第2步: 在生意参谋界面,针对流量动线进行分析。

1.店内路径

店内路径包括无线入店与承接、店内路径走向、页面访问排行。通过访客访问路径,我们可以了解消费者在进入网店首页或者详情页后,不同页面之间的流量流转关系,可以找到问题页面进行分析和优化。店内路径可了解店铺导航页面、店铺内容页面、店铺首页、营销活动页面、商品详情页、店内其他页的单页面流量,通过流量数据,可为店铺装修、详情页设计、关联营销及促销活动等进行调整优化提供数据支持,如图5.1.10所示。

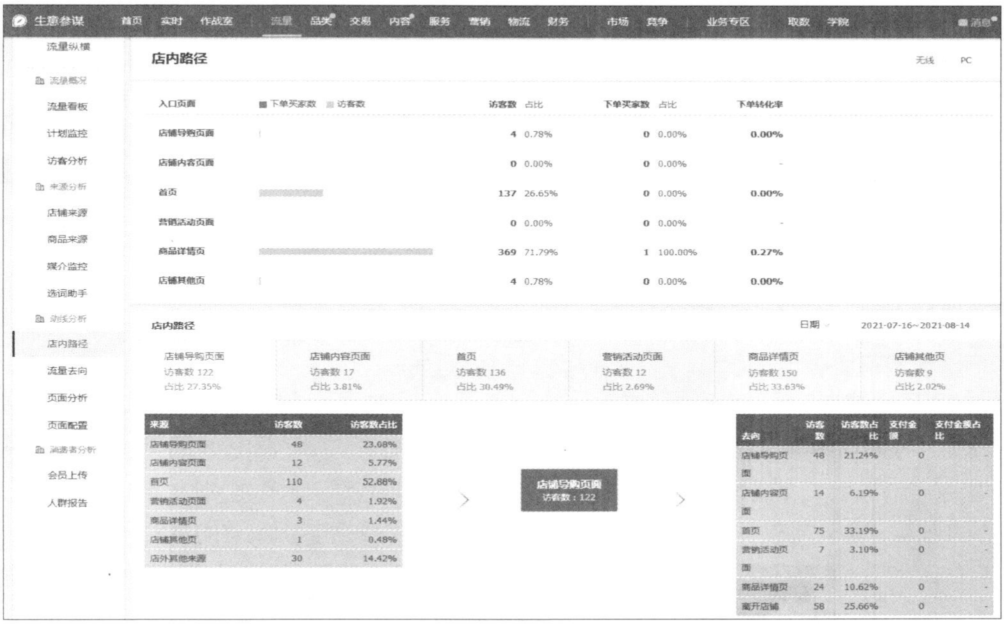

图5.1.10 店内路径

店内路径还包括了页面访问排行,如图5.1.11所示。从访问排行中可以清楚地了解到各页面浏览量、访客数和平均停留时长,根据展现的数据,可以更清晰地发现部分页面存在的问题及优化的方向。

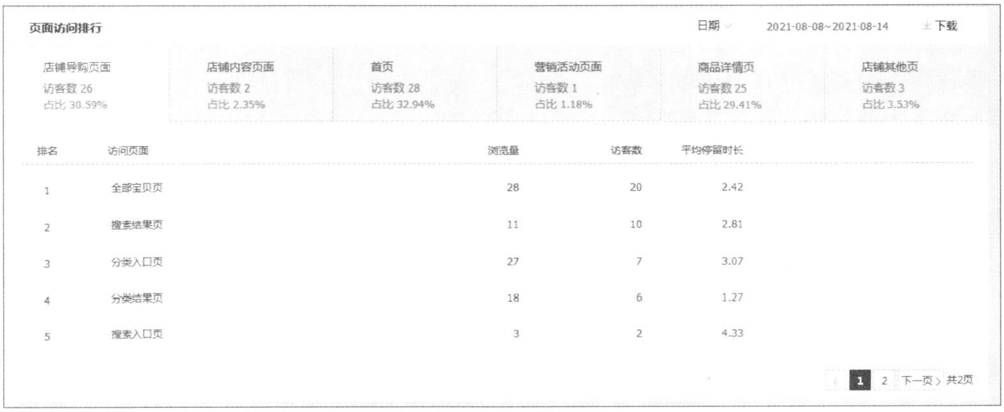

图5.1.11 页面访问排行

2.流量去向

通过流量去向可以发现消费者所离开页面的相关数据,包括离开浏览量、离开访客数及离开浏览量占比,如图5.1.12所示。通过此流量数据可针对离开页面进行分析,开展有目的的优化,增加消费者停留时长,进一步促进商品转化。

图5.1.12　流量去向

3.页面分析

页面分析是店铺首页流量和商品详情页流量的数据总览,如图5.1.13所示。通过页面分析可详细掌握店铺首页或某一个商品详情页的流量数据,如浏览量、访客数、跳失率、平均停留时长等。店铺运营者可开展首页或者单个商品详情页的分析,对数据表现较差的页面进行优化。

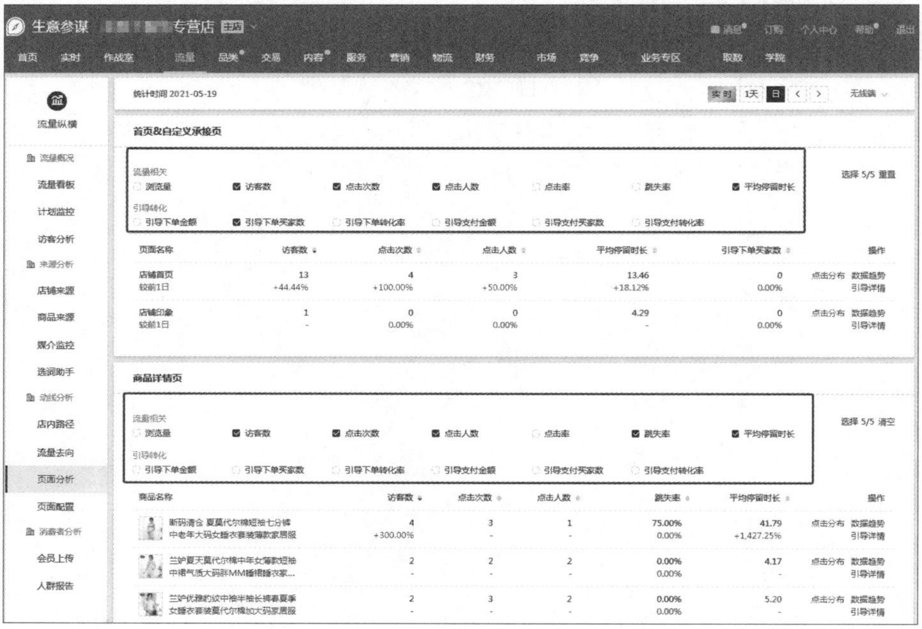

图5.1.13　页面分析

活动评价

通过此活动的学习,张小明团队对店铺流量的各项数据指标都有清晰的了解,同时通过不同流量数据反映出店铺的各种问题,以帮助运营者寻找合适的优化方案。流量是店铺经营的重要指标,通过细分到超过20项的数据指标时,运营者要能够清晰地掌握流量数据的含义和所对应的优化策略,进一步提高商品展现量和转化率,促成商品的销售,这才是我们解析流量的真正目的。

合作实训

(1)按照6~10人进行分组,各小组分析店铺最近7天内的流量来源构成,并填入表5.1.1中。

表5.1.1　流量来源构成分析

流量来源	访客数	下单买家数	下单转化率
自主访问			
淘内免费			
付费流量			
淘外网站			
淘外App			

根据表5.1.1中的数据,分析店铺目前的流量存在哪些方面的问题?店铺可以通过哪些渠道优化流量来源?

(2)按照6~10人进行分组,各小组使用淘宝卖家中心后台的生意参谋查看自己店铺的流量数据中的访客分析数据,并填入表5.1.2中。

表5.1.2　流量数据访客分析

访客分析	时段分布最高时段	地域分布最高前两个省份	特征分布消费层级最高占比
最近1天			
最近7天			
最近30天			

根据表中的数据,分析店铺针对访客分析可提出的优化方案:

①时段分布可确定的上下架时间优化。

②地域分布可确定的推广促销简案。

③特征分布可确定的商品价格调整方案。

任务2
淘宝SEO

情境设计

随着越来越多的人加入淘宝开店创业的大军中,淘宝店铺的数量急剧增长,同类商品的竞争越来越激烈,在淘宝搜索框中输入某个商品的关键词时,大量搜索页面呈现在眼前,买家一般只浏览靠前页面的内容,无暇顾及排名靠后的商品信息。想要宝贝排名靠前,需要了解淘宝的商品排名规则,运用SEO的思维模式来进行店铺优化,才能让店铺商品获得更好的排名展示。为了能让买家搜索到店铺商品,提升商品的展现率,甚至是转化率,以帮助商品更好地实现销售。张小明团队接下来就要学习并进行SEO操作。

任务分解

对于新开张店铺,运营成绩单还不够优秀,张小明团队接下来将着手开展SEO工作,团队成员将学习: ①分析淘宝搜索排名的影响因素; ②优化商品标题; ③优化商品上下架时间; ④优化商品基本信息,掌握淘宝SEO优化的方法,以提高店铺商品的曝光率及转化率。

活动1 分析淘宝搜索排名的影响因素

活动背景

要想有销量,就要有流量,新开的店铺尤其要抓住获取免费流量的机会,这就离不开SEO,张小明团队决定要好好研究淘宝SEO。宝贝的排名靠前就意味着商品越有可能被展现,有展现才有可能被转化。因此,运营成员需要了解淘宝的排名规则,充分考虑影响宝贝排名的各种因素,才能有效地对宝贝进行优化,让宝贝及店铺获得更多展现。

活动实施

第1步: 通过查找资料,了解并认识淘宝SEO。

1. 什么是淘宝SEO

淘宝SEO即淘宝搜索引擎优化,通过优化店铺宝贝标题、类目、上下架时间等来获取较好的排名,从而获取淘宝搜索流量的一种新型技术。

从广义上来讲,淘宝SEO是指除去淘宝搜索引擎优化以外,宝贝搜索排名优化、人气宝贝搜索排名优化、所有宝贝类目排名优化、人气宝贝类目排名优化等优化方向,也被称作淘宝站内免费流量开发,即在最大程度上获取淘宝站内的免费流量,从而销售商品的一种技巧。

买家在淘宝搜索栏中输入需要购买的宝贝,通过搜索结果有选择性地点击查看部分宝贝。如图5.2.1所示,在淘宝网首页输入关键词"手机壳"进行搜索后,所出现的默认排名在页面的顶部和底部。那么,同样是手机壳,有的宝贝可以显示在搜索结果页面,有的宝贝排名非常靠后,而有的宝贝甚至没有出现。要想进一步了解淘宝SEO,我们先来了解一下淘宝搜索思维。

图5.2.1　淘宝首页搜索结果页面

2. 什么是淘宝搜索思维

说到淘宝SEO，就不得不提及淘宝的搜索思维模式，通俗地讲，就是淘宝的流量是如何获取的。图5.2.2是淘宝思维模式流程图，因此淘宝的搜索思维模式包含4个步骤：搜索、展现、点击、流量。

以买家在淘宝上买一件连衣裙为例，买家首先要在淘宝搜索框中输入关键词，点击"搜索"，目标商品就会展现。每一页只能呈现48个宝贝，面对搜索结果，大多数买家只会关注排名靠前的宝贝。卖家需要通过淘宝SEO优化，将宝贝排名提前，增加买家点击宝贝的概率，进而提升宝贝点击率。只有买家点击这个宝贝以后，才能给卖家带来精准有效的流量。

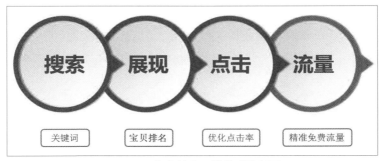

图5.2.2　淘宝搜索思维模式流程图

第2步：通过浏览淘宝网，查阅相关资料，了解影响淘宝搜索排名的因素。

结合淘宝搜索思维以及"手机壳"搜索案例,我们一起来探究一下,影响宝贝排名的因素到底有哪些?

1.五大相关性

(1)标题相关

标题只有包含买家搜索的关键词时,宝贝才会被展现,如图5.2.3所示。

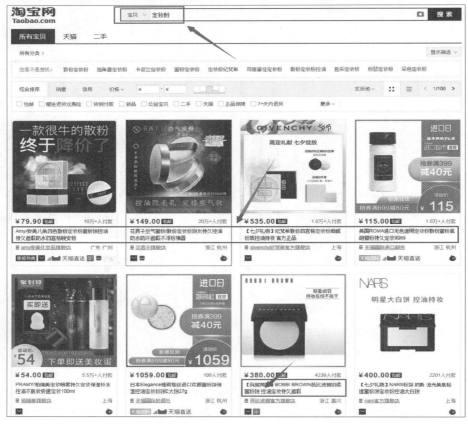

图5.2.3 淘宝搜索"定妆粉"结果页面

📖 拓展思考

第二行第三个宝贝,其标题里没有写"定妆粉",而是写了"蜜粉饼 控油定妆",但是搜索"定妆粉"这个关键词的时候,宝贝依然得到了展示,是因为淘宝系统会做关键词拆分,"定妆粉"会拆分成"定妆"和"粉"两个关键词,标题里包含这两个关键词都会得到展现。

(2)类目相关

在淘宝上搜索"小米",结果如图5.2.4所示。当搜索"农家小米"时,搜索结果如图5.2.5所示。当搜索的关键词是"小米"的时候,结果有可能属于手机类,也有可能属于粮食类;而关键词是"农家小米"时,则全部会出现粮食类的小米商品。淘宝对每个关键都会匹配一个最佳类目,宝贝在后台发布时类目要选择正确,如果放置类目不正确,就算是很优秀的标题也不一定能带来流量。

图5.2.4　淘宝搜索"小米"结果页面

图5.2.5　淘宝搜索"农家小米"结果页面

（3）属性相关

宝贝的属性相关即指宝贝的大小、颜色、规格等属性要符合真实情况,否则会因为宝贝发布违规而影响排名。

（4）图片相关

展示宝贝的所有图片(包括主辅图和详情页的图片)不能是与宝贝相关性小甚至不相关图片,一定是真实有效的宝贝图片,否则将被视为违规。

（5）文本相关

描述宝贝的所有文本都应该是围绕宝贝且与宝贝匹配的。

2.违规作弊过滤

淘宝官方规则明确指出违规作弊的宝贝,单维度排名靠后或者不展示,严重的还会全店屏蔽。常见的搜索优化违规包括虚假交易,换宝贝,重复铺货,广告商品,错放类目和属性,标题滥用关键词,SKU作弊商品,价格不符,邮费不符,标题、图片、价格、描述等不一致。除此之外,其余的一些后台违规扣分也会算进来,登录千牛卖家工作台首页,就可以查看"违规提醒",如图5.2.6所示;也可以通过点击"宝贝管理"下的"体检中心"查看更详细的信息,如图5.2.7所示。

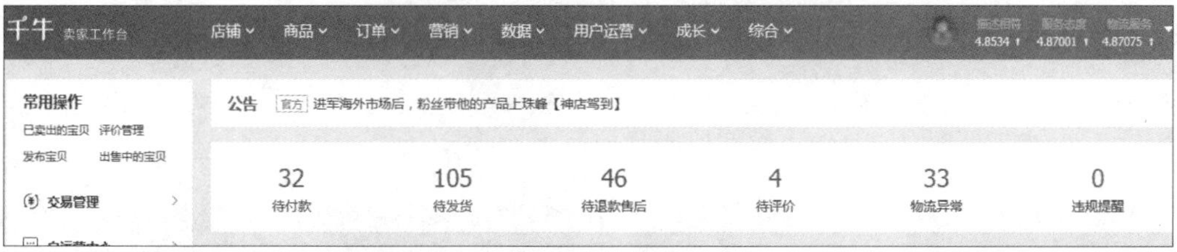

图5.2.6　千牛首页违规提醒查看页面

图5.2.7　体检中心首页

3.上下架时间

上下架时间规则是中小卖家获取流量较为常用的方式。宝贝越靠近下架时间,排名就越靠前。在一周中,宝贝在即将下架的时间排名会比较靠前。所以宝贝切忌同上同下,要分批次上架。

4.宝贝人气

人气高的宝贝排名自然比较靠前,那么影响宝贝人气的因素有哪些呢? 影响因素较多,比如:自然搜索成交率、宝贝销量、宝贝收藏加购率、单品动态评分、宝贝点击率、宝贝转化率、买家停留时间、访问深度、跳失率、滞销商品、回头客等。需要注意的是,宝贝销量中作弊的销量和官方活动的销量不计入排名。

5.卖家服务质量

卖家服务质量通常是从全店角度进行评估的,影响比较大的是基本服务的参加(消费者保障服务、7天无理由退换等)、DSR评分、店铺信誉等级、店铺动销率、宝贝主营占比、好评率、客服服务质量、纠纷退款率等。对于新手卖家,建议上满10件商品,这样才能有最基本的动销计算;其次,不要上架过多商品,否则会拉低动销率,淘宝会将此类店铺定义为没有活力的店铺,也不会给店铺流量和展现。

6.宝贝质量

宝贝质量是指买家的购物体验和感受,比如,宝贝的主图不能变成“牛皮癣”(添加促销文字的面积要少于图片的1/5,不能遮盖淘宝主图的位置),宝贝详情页面关联营销不能太多,宝贝购买反馈(评价、评分等)这些都会最终影响宝贝质量。

活动评价

通过此活动的学习,张小明团队了解了淘宝搜索思维,以及影响淘宝宝贝搜索排名的因素,从而明确了淘宝的搜索排名机制,为后期的网店SEO优化打下了基础。

活动2　优化商品标题

活动背景

张小明创业团队已经了解了网店SEO的必要性,他们通过学习、研究后发现,宝贝标题优化对于流量获取有至关重要的作用。如果标题没做好,消费者无法看到我们的宝贝,进而也不会产生购买的行为。接下来,张小明团队将要开始标题优化的学习。

活动实施

标题优化之前,需要明确淘宝SEO优化核心在于精准匹配。首先,要了解淘宝对于标题的相关要求,认识标题的关键词,洞悉买家的喜好和搜索习惯,理解淘宝的搜索规则,使我们的商品排名靠前,更容易展现在目标消费者的面前。

第1步: 认识关键词并确定商品标题

1.淘宝关键词

关键词是商品标题的核心组成部分。买家通过搜索关键词,有选择性地查看搜索结果和购买商品。按照淘宝SEO的优化程度,关键词主要分为3类:顶级关键词、二级关键词和长尾关键词。

(1)顶级关键词

顶级关键词主要是指淘宝搜索的大范围的类目词,也叫一级关键词。例如,女装、男装、箱包等类目的顶级关键词。这类关键词的搜索量非常大,但竞争也很激烈,店铺运营新手很难通过顶级关键词获得较多的流量。

（2）二级关键词

二级关键词是指能直接体现宝贝特性的关键词。二级关键词主要由2~5个关键字构成的词组，如韩版连衣裙、直筒牛仔裤、小米电视等。新手应该尽量避免直接和大卖家在二级关键词上出现竞争。另外，在淘宝搜索页的其他位置也会显示比较热门的二级关键词，如搜索下拉框的热门关键词。

（3）长尾关键词

长尾关键词是指非核心关键词且为店铺带来搜索流量的关键词，由3个或者是多个关键词组成。长尾关键词主要通过品牌关键词、行业关键词、通用关键词组成。长尾关键词具有可延伸性、针对性强和范围广的特点，能体现宝贝的特色。这类关键词搜索量不大，竞争压力小，同样也能为宝贝带来较大的流量。如烘焙工具套装、蛋糕模具微波炉适用、男式黑色带帽立领棉衣外套、2021夏装新款纯色不规则多层网纱。新手卖家可以采用长尾关键词来制作标题。

📖 知识窗

关于其他关键词的理解

在店铺运营过程中，除了以上的关键词，我们还经常会遇到其他类型的关键词，比如，大词（也称行业词或类目词），别词（大词的其他说法，例如衬衣、衬衫），属性词（描述商品特点的关键词，类似形容词或修饰词，例如韩版、修身、短袖），热词（当下搜索最多的词），核心词（反映商品本身的关键词，例如太阳镜），营销词（宝贝促销的词，例如包邮、正品、新品上市）。标题关键词的选取要遵守诚实守信、实事求是，不追求夸张及传递虚假信息等的要求。

2.确定商品标题

淘宝上对于宝贝标题的字数限制为60个字符，一个汉字为两个字符，其中空格算一个字符。为了保证宝贝能在最大程度上被买家搜索到，建议卖家尽量用满这60个字符。

在店铺发展初期，由于各方面无法和大卖家抗衡，宝贝的标题最好采用长尾关键词；在店铺发展中期，积累了一定的店铺人气、销量和信誉之后，可以采用长尾关键词+二级关键词；而在店铺成熟期，卖家可以采用长尾关键词+二级关键词+核心关键词。

📖 做一做

同学们根据自己店铺的宝贝所属类目，在该类目下选一个相对较高销量的宝贝和一个相对较低销量的宝贝，查看这两个宝贝的标题，并说说这两个标题的关键词构成。

案例：

太平鸟	卫衣	2019新款	女	宽松	韩版慵懒风潮ins长袖圆领连帽上衣	女
属性词	核心词	热词		属性词	长尾关键词	

第2步： 选取商品标题关键词

1.从淘宝搜索下拉框获取

操作1：打开淘宝网首页，在搜索框输入核心关键词，如"连衣裙"，如图5.2.8所示，下拉框会出现系统推荐词。

操作2：将鼠标移动到带有向右指示箭头的系统推荐词，左边的是热点词，右边橙色字样的是热门词，都是需要关注的。

2.从搜索栏下的属性词获取

操作1：以关键词"连衣裙"为例，在淘宝网首页搜索框中输入关键词后的搜索结果，如图5.2.9所示。可以看到图中有"品牌""服装款式细节""筛选条件"等分类，点击每一个分类的更多按钮以及向下展开的符号进行查看，能发现更多关键词。

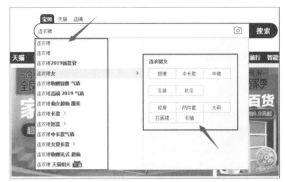

图5.2.8　淘宝首页搜索下拉框选词

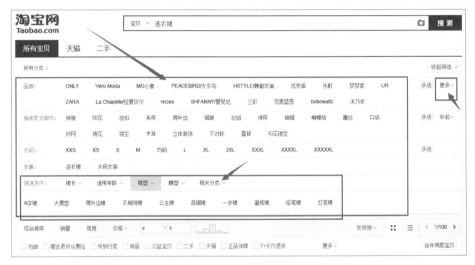

图5.2.9　搜索结果页属性栏选词

操作2：在"筛选条件"栏目下方有"您是不是想找"栏目，如图5.2.10所示，系统给出了很多相关推荐词，这些词都很重要，可重点选取。

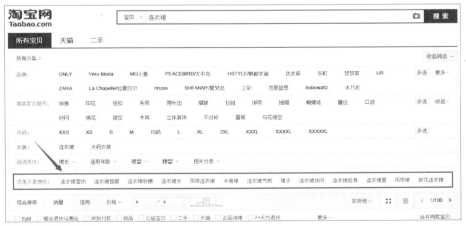

图5.2.10　搜索结果页"您是不是想找"栏选词

3.借助"生意参谋"下的"选词助手"选词

生意参谋是淘宝官网整合的数据分析工具,2013年开始应用于淘宝,现在已经整合了量子恒道、数据魔方,成为阿里巴巴商家端统一数据商品平台。

操作1: 进入"选词助手"模块。

登录千牛卖家中心,打开"数据中心"下的"生意参谋",选择导航栏上的"流量"进入"流量纵横",在左侧的"来源分析"里选择"选词助手",如图5.2.11所示。

图5.2.11 "生意参谋"—"选词助手"界面

操作2: 查看引流搜索词。

在"日期"里选择一个周期查看,在"指标"下拉框选择要查看的指标,目前单次最多查看5项。还可切换无线端和PC端查看,这里选择流量较大的无线端。

如在淘宝首页搜索框输入关键词后,点击商品进入本店内的搜索关键词,可以查看这些关键词给本店带来的流量以及下单转化效果,同时可以比较这些关键词的全网搜索热度等数据,判断这些关键词是否为热词、是否竞争过热,从而对无用的关键词进行优化和删除,也可以决策是否调整直通车的投入等。"引流搜索词"的查看界面,如图5.2.12所示。

另外,右上角的"查看行业飙升词",会跳转到"市场"模块下的"搜索排行",可以查看行业热词榜TOP100,属于付费模块。

点击每个关键词右侧的"详情分析",可以帮助我们了解关键词的趋势及其具体给店铺带来的引流和转化效果。查看关键词的走势,需要注意搜索热度持续下降和持续上升的关键词,对于有访客但是引导下单转化率较差的商品要重点优化。选择某一具体关键词的"详情分析",打开界面如图5.2.13所示。

图5.2.12 "引流搜索词"界面

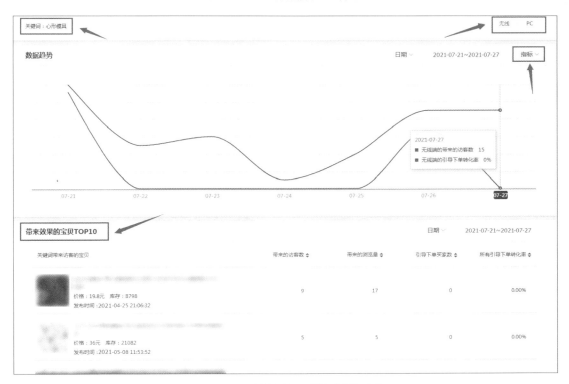

图5.2.13 具体关键词"详情分析"界面

操作3：查看"行业相关搜索词"。

在"行业相关搜索词"界面的搜索框中，可以输入任意一个你获取的标题意向关键词，这里以"蛋糕模具"为例，如图5.2.14所示。可以找到全网热度较高的相关衍生词，同时结合这些关键词的"全网搜索热度变化""全网点击率""全网商品数"等指标，综合判断这些关键词的优劣进行选取来做标题优化,也能为店铺广告投放提供决策参考。

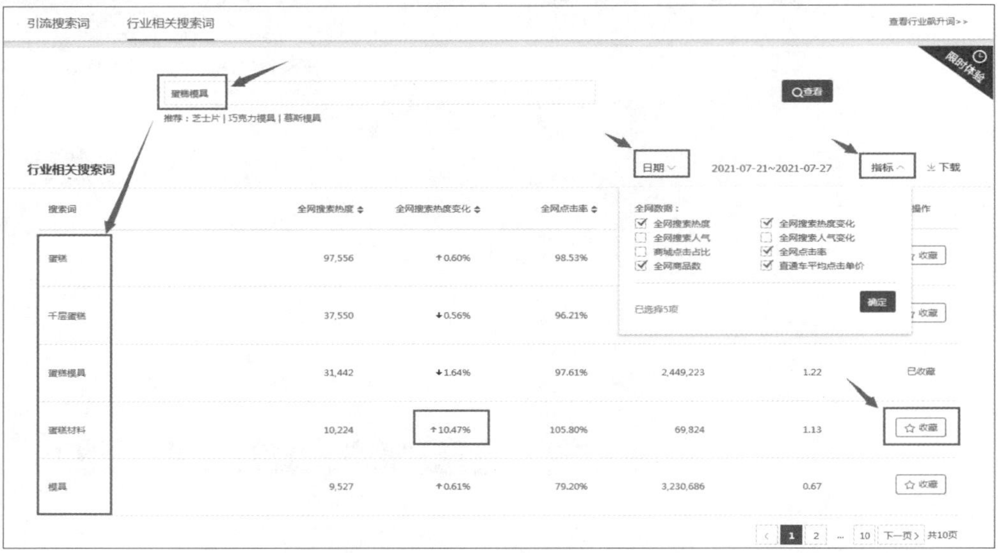

图5.2.14 "行业相关搜索词"界面

4.通过"生意参谋"下的"市场行情"选词

市场行情这个模块是属于官方的收费模块,功能非常强大,可以帮助初创期商家快速破局,为流量获取的研究以及对市场爆款的研究提供决策支持。目前标准版99元/月,专业版750元/月,卖家如果有实力可以考虑购买,但要注意,卖家的信誉等级必须大于等于1钻。

操作1: 在"生意参谋"的首页选择导航栏上的"市场",单击"市场"模块下左侧的"搜索排行"栏目,即可查看卖家所在行业所有销售终端的搜索热词TOP100排行榜,如图5.2.15所示,包括搜索词、长尾词、品牌词、核心词和修饰词5个榜单,每个关键词榜单下都有热搜榜和飙升榜。

图5.2.15 "搜索排行"行业热词榜TOP100

操作2: 可以选择不同关键词, 如 "长尾词" 的行业热词榜TOP100, 查看行业热搜长尾词的搜索排名、点击率、支付转化率等数据, 如图5.2.16所示。

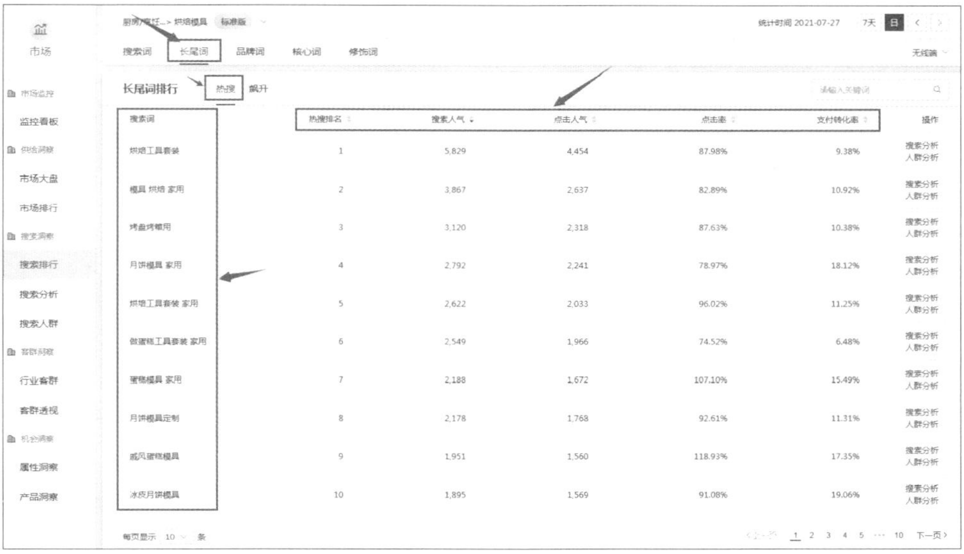

图5.2.16 "搜索排行" 长尾词热词榜TOP100

第3步: 认识标题优化的原则。

根据淘宝标题的字数要求, 标题不能超过60个字符, 也就是30个汉字, 如何利用好30个汉字, 则需要了解标题优化的原则, 进而提高标题的搜索排名。

1.权重原则

操作1: 打开淘宝首页, 在搜索框输入关键词, 如图5.2.17所示, 这里以 "蛋糕模具" 为例, 在搜索结果中选择一个宝贝, 复制全标题。

图5.2.17 淘宝首页搜索 "蛋糕模具" 结果界面

操作2：因为淘宝现在标题同质化严重，所以在全标题后加一个关键词"热卖"，重新搜索，会出现如图5.2.18的提示，图中横线标明的部分即是淘宝给你指定的高权重关键词。在进行关键词组合的时候尽量考虑这些词，当然前提是这些关键词与宝贝相符，如果买家因为这些关键词搜索到我们的宝贝但又不匹配买家的购买意图，那么宝贝虽然获得了展现，但无法促成购买，造成点击率和转化率下降，宝贝的搜索权重也会跟着下降。

图5.2.18　系统推荐高权重关键词界面

2.标题排序原则

淘宝卖家绝大多数的标题是写给搜索引擎系统看的，所以要按系统所设定的关键词组合原则来进行标题的优化。标题排序原则如下：

①紧密排列优先原则。比如"秋季新款花花公子正品男士单肩包"和"秋季新款花花公子正品 男士单肩包"，两组标题都含有"男士单肩包"，但是第一个标题没有分开，属于紧密排列原则，搜索权重分就会高于第二个词组。如果搜索下拉框系统推荐的好词是紧密排列的词组，那么在使用的时候也不要分开或加空格。

②前后无关原则。如果一个词是用一个或几个空格隔开的，那么分开的几个小词的排列顺序是前后无关的。如"2021　新款　男士　单肩包"和"男士　2021　单肩包　新款"或"单肩包　男士　新款　2021"这三个组合的搜索效果是一样的。

但要注意的是，这里的前后无关的词是居于标题中间的词，好词、主推词要放在前面，因为搜索引擎抓取数据是从前后向中间抓取。

③偏正组合原则。即修辞词在标题前面，名词在后面，如2021新款女鞋高跟皮鞋，2021新款显瘦法式复古收腰裙。

⊟ 拓展思考

标题是否需要空格

有的卖家认为系统不能识别自己分词，需要在关键词之间加空格隔开，有的卖家认为标题限制字数，空格占用字符会造成浪费。淘宝的搜索引擎认为空格是强制的分隔符，根据前面介绍的分词原则，在其他条件相同的情况下，加了空格的"*蛋糕模具 *家用*"比不加空格的"*蛋糕模具*家用*"的权重分要高。所以，主推词不仅要放在标题前面，而且可以在后面加空格，为了不造成字符浪费，一般一个标题可以考虑两个空格。

活动评价

通过本次活动，让张小明创业团队从标题的组成，到关键词的选取，再到标题优化的原则，全面掌握了标题优化的方法。接下来，他们一定可以将店铺的商品标题进行全面的优化，网店的流量也会随之上涨。

活动3　优化商品上下架时间

活动背景

张小明同学的团队通过前面的学习了解到，搜索流量是中小卖家要争夺的站内免费流量的重要组成部分，而下架时间的排名规则是淘宝对所有卖家的免费流量扶持。越靠近下架时间，商品排名越靠前。张小明团队计划根据上下架时间的特点来调整自己的宝贝上架时间。

活动实施

⊟ 知识窗

淘宝宝贝上下架周期

淘宝平台规定，宝贝的上下架周期是指从发布宝贝的时间到宝贝下架的时间，简言之就是宝贝的上下架时间的统称。宝贝的上下架周期为1周，每15分钟刷新一次。下架后，不用人工干预，又自动上架，开始新的周期。例如，某宝贝在本周二11：30分上架，那么它将在下周二11：30分下架。其他因素保持不变或者影响不大的情况下，宝贝越接近下架的时间，宝贝的排名越靠前。

当买家在淘宝首页搜索的时候，搜索结果页同款宝贝每页最多展示4个，同店卖家宝贝最多展示两个。合理优化宝贝上下架时间，可以让自己店铺的宝贝排名更靠前。淘宝新手卖家不要在一天之内把店铺全部宝贝都上架，因为流量只有在一周后才会有变化，其他时间流量就相对较少。淘宝卖家可以在上下架时间安排上做一些策划，把宝贝在一周内的热点时间做均匀分布。

上下架时间安排可以利用第三方工具查看数据，也可以手工结合宝贝销售周期进行。上下架时间优化步骤如下：

第1步： 获得行业大盘数据，网店所属类目一周的销量统计。

第2步： 获得网店所属类目一天不同时段的销量统计。

第3步： 分析数据，确定每周的销售高峰日期和每天的销售高峰时段。

第4步： 根据高峰时段，将店铺的所有宝贝分布到一周内的热销点上。

假如步骤一获取的数据显示周一到周三的成交量最大，步骤二获取的数据显示每天有3个销售高峰，分别是上午10点到11点、下午2点到3点、晚上8点到10点。如果店铺要上架70件宝贝，平均每天上架10件宝贝，周一到周三要重点安排，可以把周四到周日的几件宝贝放到周一到周三，每天上架的时段选择上午10点到11点、下午2点到3点、晚上8点到10点。

另外有两点值得注意：类目越大，商品上下架时间的权重越高；关键词越大，商品上下架时间的权重越高。

总体来讲，宝贝上下架时间布局及优化要遵循4个原则：平均分配，打散原则；流量高峰，合理布局；分析数据，最佳卡位；分析同行，避开强敌。

⊟ **友情提示**

购物人群小贴士

淘宝绝大多数的交易是在无线端（2020年"双十一"当天淘宝天猫移动端销售额占比68%），现在因为无线端弱化上下架时间的影响，很多卖家已经不太重视宝贝上下架的问题。但是实际上可以在周期内去看，临近上下架时间仍然对宝贝产生影响，上下架附近时间是商品成交的一个高峰期，需要做上下架优化操作。

活动评价

通过本活动的学习，张小明团队已经具备了宝贝上下架时间布局优化的思维和方法。在进行上下架优化之后，一定会给店铺带来更多的搜索流量。

活动4　优化商品基本信息

活动背景

张小明创业团队在店铺运营过程中发现，有的宝贝标题中并未出现搜索的关键词，却依然展现在搜索结果页，这就让人很疑惑，经过查阅资料和实践操作，了解到这是其他店铺在商品基本信息优化上完成得较好。因此，张小明团队准备开始学习这项技能。

活动实施

商品基本信息的优化主要是指对宝贝类目和属性进行优化。错填或不填宝贝属性，将会浪费大量免费搜索流量，且错放类目和属性还容易产生店铺宝贝出现违规作弊的判定，导致搜索降权，严重的还会被下架扣分。

第1步： 针对宝贝类目进行优化。

例如针对家用买来做雪糕用的模具商品，首先需要选择正确的类目，确保与淘宝网要求放置的类目一致。很多新手卖家不知道怎么选择类目，可以参考官方的推荐。在淘宝系统推荐的相近类目中，很多新手卖家直接选择第一个，但这未必是最优类目放置。

操作1：登录卖家中心后台，进入"发布宝贝"页面，在类目搜索文本框输入关键词"雪糕模具"进行搜索，下拉框就会弹出系统推荐的相符匹配类目，如图5.2.19所示。

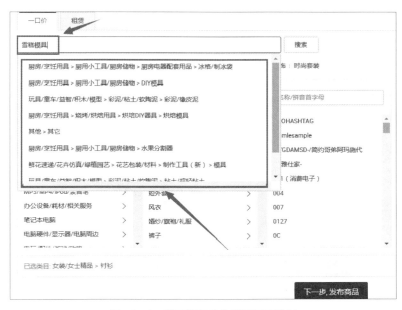

图5.2.19　类目搜索系统推荐匹配类目

操作2：在卖家中心后台，选择"营销中心"━━▶"我要推广"。打开直通车，点击顶端的"工具"栏目，进入之后选择左侧的"流量解析"，如图5.2.20所示，在关键词分析框中输入"雪糕模具"，单击"查询"按钮。

图5.2.20　直通车流量解析工具

操作3：在结果页面中选择"推广词表下载"，鼠标向下滑动，找到"相关类目下的热门词"，单击第一个类目收起下方的关键词，即可查看热门词的所属类目，如图5.2.21所示。可以看到不同类目名下热词的展现指数、点击指数、点击率、点击转化率的数据，结合数据及店铺发展需要，参考选择合适的类目。当然，类目的选择还要结合宝贝自身的特点，因为淘宝自然搜索流量的关键在于精准匹配。

第2步：针对宝贝属性进行优化。

淘宝的搜索引擎在进行关键词抓取的时候，首先是在宝贝标题里查找，如果标题里没有就会在宝贝属性里查找，如果还没有就会到宝贝详情页里查找。因为这个原理，有些宝贝标题里没有出现买家搜索的关键词却依然会出现在搜索结果页。

图5.2.21　直通车"流量解析"工具中相关类目下热词数据

　　选择了正确的宝贝类目之后，一定要认真填写类目属性，宝贝的所有属性都要填写完整，不可因为系统没有强制要求填写和种类繁多而放弃填写或者填写与商品实际不符。

　　操作1：以连衣裙为例，打开淘宝首页搜索关键词"连衣裙"，在搜索结果页有很多属性筛选项，如图5.2.22所示，任意勾选一个"服装款式细节"下的"蕾丝"，系统会自动筛选宝贝，观察排名里面宝贝的展示情况。

图5.2.22　关键词"连衣裙"搜索结果页

操作2: 如图5.2.23所示, 可以看到结果列表里的宝贝标题并没有标红, 而且有的标题里并没有 "蕾丝" 这个关键词, 为什么也会展示出来呢? 点击该宝贝链接查看详情, 如图5.2.24所示, 可以看到属性里填写了 "流行元素/工艺: 拼接　蕾丝　印花"。

图5.2.23　勾选蕾丝后系统筛选的宝贝展示

宝贝详情	累计评论 18	专享服务	手机购买
尺码: S M L	图案: 圆点	风格: 通勤	
通勤: 复古	领型: 方领	腰型: 高腰	
衣门襟: 其他	颜色分类: 绿色波点	袖型: 荷叶袖	
组合形式: 单件	裙型: 大摆型	年份季节: 2021年夏季	
袖长: 短袖	裙长: 中长裙	流行元素/工艺: 拼接 蕾丝 印花	
款式: 其他/other	廓形: A型		

图5.2.24　宝贝详情栏目下的商品属性

这就是宝贝属性的重要意义, 如果不写或者错写无疑会丢失很多淘宝类目流量, 宝贝属性的填写可以弥补标题关键词字数不足的问题。

需要强调的是, 标题和属性是相关联的, 标题的关键词一定要和属性相关, 优先以属性为主。例如, 属性里写 "纯色", 标题用 "印花"; 属性里标明风格为 "韩版", 标题里却是 "欧美"; 属性里品牌是 "安踏", 标题是 "乔丹"; 这些都属于违规作弊, 严重是会被下架扣分的。

▢ 友情提示

属性修改的注意事项

宝贝属性的修改一定要在上架之前填好, 不要在上架以后频繁修改, 这样操作容易被淘宝判定为换宝贝, 尤其是一些主要属性, 比如品牌, 直接从李宁换成鸿星尔克; 比如衣长, 从短款换成中长款; 比如面料, 从纯棉换成PU。优化属性更多的工作在选款的时候就应该完成, 不能为了优化而优化, 将热卖的属性或展现较好的属性改为自己宝贝的属性, 比如看人家圆领T恤展现高就将自己有领T恤的属性改为圆领, 这样不仅不会带来意向客户, 而且有可能被淘宝处罚。建议在自己属性的基础上, 适度优化。

活动评价

通过本活动的学习，张小明团队发现，原来宝贝基本信息的优化是一件很细致也很重要的工作，而且很容易被新手卖家忽视。以后，不管是在新宝贝的发布，还是在后期的运营优化上，他们都会做好宝贝类目及属性的优化。

合作实训

（1）各小组同学根据所学的知识，通过讨论及网络查找资料，完成下表。

以6~10人为一小组，各小组同学通过上文中标题优化的方法，分析讨论，分工完成本店的商品标题优化，完成表5.2.1。

表5.2.1　宝贝标题关键词撰写

宝贝1：	
根据宝贝特点撰写关键词	示例：连衣裙，公主，夏季，新款，雪纺，甜美，碎花……
相关高权重关键词	
筛选整合后的关键词	
优化组合排序后的标题	示例：雪纺连衣裙收腰显瘦夏季女装2021年流行新款气质碎花长裙子两件套
宝贝2：	
根据宝贝特点撰写关键词	
相关高权重关键词	
筛选整合后的关键词	
优化组合排序后的标题	
宝贝……	

（2）以6~10人为一小组，根据下面所给的资料，制订对应的上下架优化时间安排，完成表5.2.2。

本店主营床上用品，已经营一年多，现有宝贝15个，四件套编号为：SJT-01，SJT-02，SJT-03，SJT-04，SJT-05，SJT-06；枕头编号为：ZT-01，ZT-02，ZT-03，ZT-04，ZT-05，ZT-06，ZT-07；凉席编号为LX-01，LX-02。目前已有宝贝分布见表5.2.2。现在凉席是旺季，公司决定多开发4款凉席为店铺带来更多流量，编号为：LX-03，LX-04，LX-05，LX-06，并且决定把LX-06这款作为超低价引流款。请根据店铺情况、运营目标和图5.2.25中的数据完成这4款宝贝的上架时间布局，完成表5.2.2凉席类目宝贝上下架时间布局的填写。

表5.2.2　凉席类目宝贝上下架时间布局

	周一	周二	周三	周四	周五	周六	周日
0时						SJT-03	
1时							
2时							
3时							
4时							
5时							
6时							

续表

	周一	周二	周三	周四	周五	周六	周日
7时							
8时						SJT-01	
9时			ZT-01				
10时							SJT-02
11时			LX-01		ZT-04		ZT-06
12时							
13时							
14时							
15时							
16时							
17时							
18时							
19时	SJT-04						
20时	ZT-03					SJT-05	
21时		ZT-05	SJT-06			ZT-02	
22时							
23时	LX-02						ZT-07
24时							

①将凉席编号填入对应的单元格中。
②本题重点考虑三方面：抓住高峰时段合理布局；合理分配超低价引流款的时间段；避开本店铺同类商品在同一时间段上架。

图5.2.25为凉席类目各时间段的销量分布。

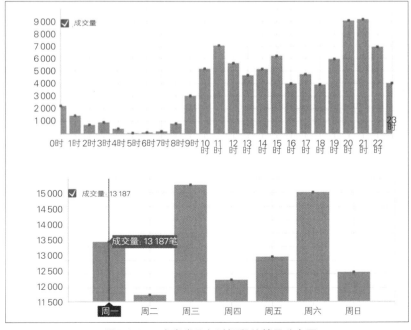

图5.2.25　凉席类目各时间段的销量分布图

项目总结

　　流量是考核网店运营状况的重要指标，从流量数据中可以发现网店运营过程中存在的问题，同时可以针对流量数据为店铺优化提供数据支撑。而SEO是店铺运营的日常必修课，店铺运营需要每天查看店铺流量数据，根据不同的数据制订不同的优化方案，而且每天必须坚持优化。其中标题对于SEO的意义不言而喻，涉及的关键词是流量和SEO的关键。可以通过整体的店铺SEO对店铺的各项数据优化，张小明团队成员将结合自身店铺的商品优势，努力提高流量转化率，提高店铺的利润。

项目检测

　　1.单项选择题(每题只有一个正确答案，请将正确的答案填在括号中)
　　(1)PV值指的是(　　　)。
　　　　A.访客数　　　　　　B.浏览量　　　　　　C.平均停留时长　　　　D.跳失率
　　(2)为减少店铺运营成本，中小卖家要注意挖掘站内的免费流量，下面属于免费流量来源的是(　　　)。
　　　　A.生意参谋　　　　　B.直通车　　　　　　C.标题优化　　　　　　D.淘宝客
　　(3)以下关于淘宝SEO涉及的基本概念描述错误的是(　　　)。
　　　　A.传统的淘宝SEO即淘宝搜索引擎优化，通过优化店铺宝贝标题，类目，上下架时间等来获取较好的排名，从而获取淘宝搜索流量的一种新型技术
　　　　B.UV(浏览量)是指页面被浏览的次数，PV(访客数)是指每一个独立的访客
　　　　C.展现量是指宝贝被买家看到的次数，要想有访问量，必须先有展现量
　　　　D.BR(跳失率)是指进入网站浏览了一个页面后就离开的访客数占所有网站访客的比例，跳失率越低越好
　　(4)DSR评分指的是宝贝描述相符、(　　　)和发货速度。
　　　　A.信用等级　　　　　B.好评率　　　　　　C.退货率　　　　　　　D.服务态度
　　(5)淘宝的标题最多能有(　　　)个字符。
　　　　A.30　　　　　　　　B.32　　　　　　　　C.34　　　　　　　　　D.60

　　2.多项选择题(每题有两个或两个以上的正确答案，请将正确的答案填在括号中)
　　(1)以下哪些选项属于淘宝搜索思维模式的步骤?(　　　)
　　　　A.展现　　　　B.加购　　　　　　　C.流量　　　　　　　　D.点击
　　(2)看店宝标题分析可以下载以下哪些数据?(　　　)
　　　　A.潜力词表　　B.TOP20W词表　　　C.搜索排行TOP10　　　D.下拉框选词
　　(3)下面关于标题优化的原则，描述正确的是(　　　)。
　　　　A.在淘宝网首页输入文字"连衣裙"，当系统给出推荐的搜索下拉词"连衣裙收腰显瘦　气质"时，需要把这个词组进行拆分为"连衣裙""收腰""显瘦""气质"，打散补充到标题当中
　　　　B.淘宝推荐给买家的"您是不是想找："的搜索相近词，是系统认为的高权重关键词，可以提取出来进行关键词排序组合

　　C.标题中间含有"蛋糕　模具"和"模具　蛋糕"的搜索权重是一样的

　　D."秋季新款花花公子正品男士单肩包"和"秋季新款男士花花公子正品男包单肩包",两组标题都含有"男士单肩包",第一个标题没有分开,搜索权重分高于第二个词组

(4)生意参谋流量总览中可以查看哪些时段的数据?(　　　)

　　A.实时　　　　　　　　B.1天　　　　　　　　C.7天　　　　　　　　D.30天

(5)以下哪些因素会影响到淘宝的搜索排名?(　　　)

　　A.标题的相关性　　　B.宝贝人气　　　　　C.卖家服务质量　　　　D.上下架时间

(6)宝贝上下架时间布局及优化要遵循原则包括以下哪几项?(　　　)

　　A.平均分配,打散原则　　　　　　　　　B.流量高峰,合理布局

　　C.分析数据,平均分布　　　　　　　　　D.分析同行,避开强敌

3.判断题(正确的画"√",错误的画"×")

(1)看店宝中搜索下拉框选词工具可以免费下载淘宝搜索关键词数据。　　　　　　　(　　　)

(2)一个好的标题是有标准格式的,一定含有一级关键词+二级关键词+长尾关键词,并且必须包含行业热词。　　　　　　　　　　　　　　　　　　　　　　　　　　　(　　　)

(3)宝贝的属性信息非系统强制要求项目,可以不用填写,最多会影响到买家的信息获取量,做好主图和详情页就可以弥补。　　　　　　　　　　　　　　　　　　　　(　　　)

(4)宝贝属性的修改一定要在上架之前尽量填好,不要上架以后改来改去,容易被淘宝判定为换宝贝,尤其是一些主要属性。　　　　　　　　　　　　　　　　　　　(　　　)

(5)生意参谋中流量动线分析可以查看消费者页面访问排行。　　　　　　　　　　　(　　　)

(6)"韩版慵懒风潮ins长袖圆领连帽上衣"是二级关键词。　　　　　　　　　　　(　　　)

4.简述题

(1)简述影响到淘宝搜索排名的因素有哪些。

(2)简要描述商品标题优化的方法和步骤。

项目5
项目检测答案

项目 6
网店客户运营

▣ 项目综述

张小明创业团队经过了一段时间的店铺运营与推广后，取得了比较明显的运营效果，店铺的各项数据都得到了提升，商品的访问量、转化率、销售额都有一定程度的提高。随着订单量的增加，客户对商品的咨询量也大幅增加，大量的客户服务工作对网店客服的要求越来越高。如何加强客服对商品知识的深入了解，强调客服沟通话术的规范性，以及灵活应对消费者的各种个性化要求，都是客户运营所需重点关注的内容。

张小明与团队成员通过讨论一致认为：优秀的客服能通过与客户的交流，发现客户需求，促成商品成交，能有效维护客户关系，赢得回头客，能妥善解决商品销售全过程所产生的纠纷，做好危机处理。因此，张小明对客服团队制订了一份客服培训计划，内容主要包括售前客服工作内容、售中客服工作内容、售后的客服工作内容，以及客户投诉处理的方法技巧。本项目将从以上4个任务开展学习。

▣ 项目目标

通过本项目的学习，应达到的具体目标如下：

知识目标
◇了解千牛工作台的客服工具使用
◇掌握售前客户接待流程
◇掌握售前、售中客服的话术技巧
◇掌握售后退换货的处理
◇掌握中差评的处理技巧

能力目标
◇学会利用千牛工作台的客服工具设置快捷短语
◇学会利用千牛工作台处理订单
◇能灵活运用话术处理客户咨询问题
◇能妥当处理客户纠纷问题

升学考试目标
◇掌握客户服务的一般流程
◇掌握电商平台的交易规则
◇了解买家消费心理，掌握客服工具的使用方法，运用沟通技巧处理售前、售中、售后过程中客户遇到的各种问题

◇掌握网店销售产品的属性及特点，能够结合网店的实际情况，全面完整描述产品的特点、规格、型号、使用和保养方法，为全面、及时、准备解答消费者的疑问做好全面准备

◇熟悉网店订单的常见交易流程和规则，掌握网店退货流程及异议处理方法

◇掌握旺旺、千牛工作台的基本操作方法，能够根据店铺实际情况进行简单的设置

◇学会利用智能客服平台有效缓解客服人员的工作压力，协助解决常见、重复性的基础性客服问题

素质目标

◇培养学生在社会主义市场经济下的服务意识和服务水平

◇培养学生多任务并行处理能力以及面对危机的处理能力

◇培养学生在网络客服中的职业操守和职业精神

◇培养学生严谨、踏实、细致的工作态度

◇培养学生善于发现问题、分析问题、解决问题的独立思考能力

□ **项目思维导图**

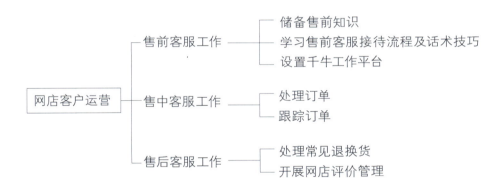

任务1
售前客服工作

情境设计

店铺的好评率、DSR评分、退款速度、纠纷率、评价质量、客服服务质量都会影响到店铺的权重和宝贝的搜索排名，进而影响网店商品的销售。店铺运营的各环节都需要优质、高效、有温度的客户服务工作。每一个网店客服新手在正式上岗之前，都需要进行培训，在掌握了一定的客服基本知识和售前接待技巧之后，才会进入客服岗位实践。接下来，张小明将带领他的创业团队开始售前客服工作内容的学习。

任务分解

在网店经营过程中，部分规模较小的网店因为人手短缺，未能配置足够的客服人员，当店铺有了一定规模后，面对大量、并发式的客服需求，店长会将客服工作内容划分为售前、售中、售后三个部分。本次任务将主要学习：①储备售前知识；②学习售前客服接待流程及话术技巧；③设置千牛工作平台，以帮助团队成员熟悉商品，了解商品的相关信息，做好商品的知识储备；并熟悉客服基本工具——"千牛工作平台"的使用，做到快速反应，高效回复，满足客户需求，减少客户流失。掌握售前客服的接待流程及话术技巧，提高询单转化率和客单价，从而提升店铺销量。

网店客服
工作技巧

网店客服
主要工作内容

活动1　储备售前知识

活动背景

熟悉店铺商品是售前客服需要掌握的最基础的工作，对于网店商品的基本属性，例如商品的材质、功能、特征、注意事项等，客服都需要了如指掌，以便在客户咨询时能给予流利的解答，让客户感到满意和放心，促进消费者快速下单购买。

活动实施

第1步： 认识商品的品牌价值。

品牌价值是品牌管理要素中最为核心的部分，也是品牌区别于同类竞争品牌的重要标志。通过了解品牌价值，将品牌价值转化为客户利益，从而起到促进销售的作用。

品牌包括商品品牌和渠道品牌，比如美的、小米、李宁、茵曼就属于商品品牌，华润万家、北京华联、苏宁就属于渠道品牌。

品牌价值可以从品牌定位、品牌文化、消费主张和目标群体的维度出发，通过提取转化以满足客户的需要。品牌文化又包含品牌的理念、个性、愿景、使命等内容。一旦商品被贴上了品牌的标签，其商品的价格和价值都会得到大幅度提升，所带来的差额收益就是商品的品牌溢价。此外，品牌商品还会给客户带来精神上的愉悦和心理上的满足，提升客户对商品的信任度及重复购买的概率。客户在挑选入门级蒸汽挂烫机的时候，通过商品销量，不难发现客户更青睐品牌商品，如图6.1.1所示，某品牌挂烫机的销量比其他的品牌商品更高。近几年国货品牌的崛起，正是我国企业注重品牌建设，重视企业社会责任的体现。

图6.1.1　入门级蒸汽挂烫机购买搜索页

第2步：了解商品的属性知识。

1.规格型号

规格型号是指商品的物理形状，一般包括体积、长度、形状、重量等。

如按照大小区分规格的品类有服装、鞋子、内衣、戒指等。以服装为例，第1种传统区分方法有XS、S、M、L、XL、XXL，换成中文表述依次是加小码、小码、中码、大码、加大码、加加大码；第2种区分方法是身高加胸围的形式，有160/80A、165/88A、170/96A等，斜线前的数字是指服装的长短或人的身高，斜线后的数字是指人的胸围或腰围，英文字母是指人的体型，A表示一般体型，B表示微胖体型，C表示胖体型；第3种区分方法是使用欧式型号，女士上装用数字34~44的双数表示，男士上装用44~56表示，女士下装用25~32号，男士下装用28~40号；第4种采用北美型号，这一种比较少见，用0~11的数字表示。除此之外，服装还可以按版型来分为宽松、合身、修身、紧身，按长度来分为超短、短款、常规、中长和长款。

· 如按重量来区分规格的品类有固体的食品、茶叶、彩妆类商品。

· 如按容量来区分规格的品类有液体的饮料、油、护肤类商品。

· 如按长度来区分规格的品类有鱼竿、布料、花边、管材等商品。

如图6.1.2所示，为男装衬衣的规格型号。

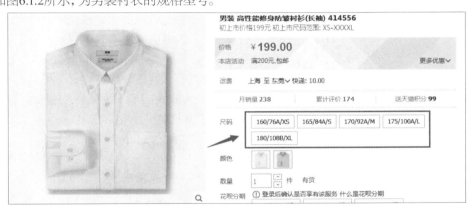

图6.1.2 男装衬衣的规格型号

2.功效功能

功效功能是指商品的使用效果及使用范围。为客户准确地描述商品的功效，更容易获取客户的信赖，促使他们做出购买决策。例如某家用料理机的功效就有绞肉、碎冰、干磨、豆浆、搅拌、果汁六大功效。

3.材质面料

材质面料是指商品的成分、配比、特性和颜色。例如某家用料理机的商品材质包含纯铜电机、精钢刀、婴儿级食品材质杯体、精工制造镀金旋钮；某款男士皮鞋的材质面料为牛皮鞋面、头层猪皮内里、头层猪皮鞋垫、橡胶鞋底。

4.配套商品

客服人员只有充分了解商品的功能，才能对商品进行合理的搭配推荐，从专业化角度推荐的商品更容易被消费者接受。搭配推荐不仅能深挖消费者的潜在需求，为买家节省购物成本，还能结合店铺的运营目标，对主推款、利润款或者新品进行推广和销售，在促进商品销量的同时提升客户的满意度。例如，男士衬衫的搭配推荐效果，如图6.1.3所示。

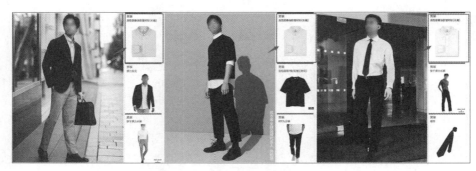

图6.1.3 衬衫配套商品的搭配建议

名称	米兔卡片学习机	米兔智能故事机	米兔故事机mini 蓝牙版
产品图	立即抢购		
产品特点	认知启蒙 AR场景	语言启蒙 微信聊天	安抚哄睡 小巧便携
AR场景	✓	—	—
AI问答	✓	✓	—
学习报告	✓	✓	—
学习卡	120张	—	—
微信聊天	—	✓	—
内存	内置8G	内置8G	内置16G
电池	1800mAh	1800mAh	800mAh
联网方式	Wi-Fi联网	Wi-Fi联网	蓝牙，USB连接

图6.1.4 米兔学习机/故事机的商品特点

5.风格潮流

风格潮流主要是指对商品风格特色的凸显和对流行元素的把控，为客户提供更专业的选购建议。例如某款女包的风格潮流为菱格纹加经典链条设计，能体现女性优雅英伦风，时尚大气。

6.商品特性

商品的特性可以从商品的属性特点考虑，例如材质构成、大小规格及适用范围；也可以从商品的竞争优势考虑，如与同类商品相比所具有的独特性，在功能和设计上具有人性化或个性化优势等，以满足客户的多样需求。如图6.1.4所示为某科技有限公司旗下商品米兔学习机/故事机的商品特点。

第3步： 熟悉商品的促销信息。

网店一般会在全年的各个时段，包括重大节庆日、店庆日等举行促销活动。在促销活动开始前，需要制订促销规则和实施方案，并有效传达给客服工作人员，熟练掌握促销活动的规则和要求。

1.促销活动的内容

促销活动的内容一般包括活动形式、活动主题、活动目标、活动细则、注意事项、标准快捷回复。客服需要在活动开始前全面了解促销活动内容。

2.促销活动的方式

促销活动的方式灵活多样，一般没有固定的形式，主要有打折、特价/直降、限量/限时秒杀、满就送、积分换购、满减、折上折、领券、抽奖、抢红包、包邮等形式。

活动评价

通过此活动的学习，张小明团队成员充分认识到商品相关知识储备的重要性，也认识到客服售前所需要的知识，包括品牌知识、商品属性相关知识以及促销活动的内容等，掌握这些售前知识是售前人员做好售前工作的重要基础。

活动2　学习售前客服接待流程及话术技巧

活动背景

对于客服人员来说，在做好网店商品知识储备之外，还需要了解网店客服的接待流程及基本话术，尤其是面对较为复杂的用户群体以及并发量较大的咨询服务时，如何在保持热情接待的同时还能快速、准确地回复，并能有效推动意向客户购买，最终产生销售订单。这是客服人员所需要关注并掌握的技巧。

活动实施

第1步：了解售前客服的接待流程。

1.向客户问好

话术技巧：好的欢迎语应该要包含对客户的尊称以及向客户介绍店铺，介绍自己。

引导示范：亲，您好，欢迎光临×××专卖店，我是客服×××，很高兴为您服务！

电商客服行业习惯把客户称作"亲"，听起来比较亲切自然，特别在开头语之后可以配一个积极、开心等欢快的表情。

2.客户咨询

话术技巧：咨询的问题一般有商品材质、商品规格、快递选择、运费、有效期、质量三包等。对于客户的咨询问题，始终都要坚持专业客观、诚信第一。

3.价格谈判

遇到不同类型的客户，采取不同的议价策略。一般情况下，如果客户是"大方型"，可以用"表谢意，送礼品"的方法；如果客户是"试探型"，可以用"坚定立场，物超所值"的思路；如果客户是"强硬型"，可以"以退为进，转移他的注意力"的思路。

不同类型客户的议价话术示例如图6.1.5所示。

图6.1.5　不同类型客户的议价话术示例

话术技巧：

①送礼品。用礼品缓解客户议价的尴尬不失为让客户享受议价体验的办法之一。在网店经营过程中，礼品的准备是必不可少的。

②坚定立场。如果用礼品赠送的方式无法打动客户购买，作为客服可以强调商品本身的价值，用品牌价值、商品质量、售后服务说服客户下单。

③转移注意力。还可以采用前面提到的以退为进的策略转移客户的注意力，给客户推荐正在做促销的商品。

"强硬型"客户的谈判技巧如图6.1.6所示。

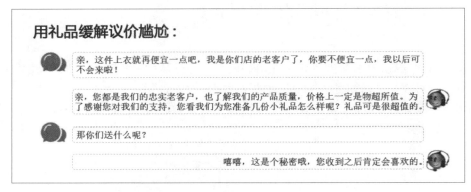

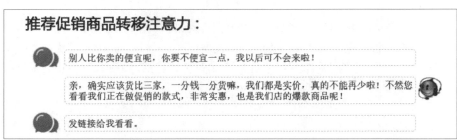

图6.1.6 "强硬型"顾客的谈判技巧

4.商品推荐

在与客户聊天的过程中,也可以主动推荐本店的促销商品、主推商品或者新品,以引导客户下单。

话术技巧:

在商品推荐过程中,首先要判断客户的性格,以询问式的语气从客户那里获取更多需求信息,根据客户的反馈,准确地把握客户的购买意向和潜在需求,以便更准确地帮助客户推荐商品,最终促成商品成交。在商品推荐的过程中,要尽量使用专业术语、精准数据,避免出现过度推销的情况,达到无痕推荐,让客户体会到专业的线上服务。

引导话术:

①亲,您是想找一款有什么样功能的机器呢?

②您购买这个机器主要看中它的哪项功能呢?

③您一般用在哪些方面? 主要是看电视、看电影还是玩游戏呢?

④亲,方便说一下您要挑选的商品是自己使用还是赠送朋友呢?

5.对客户的帮助

当消费者在购物过程中遇到了各类问题,作为客服人员要及时帮助顾客解决,例如商品疑问、支付方式、物流查询、促销活动细则、地址变更、订单修改等一系列问题,对消费者的帮助要及时、细心、耐心。

话术技巧:

①对支付操作不熟。有些新手买家对购物平台支付等操作流程不太熟悉,无法完成订单的支付,客服需要耐心地协助买家操作,适当加以指导,不仅帮助客服解决困难,而且可以增加客户

对店铺服务的好感。可参考的引导话术："亲,您看您在支付的哪个环节还有疑问,您说一下或许我可以帮到您哦。"

②对商品有疑虑。对商品本身存有疑惑,此类客户一般会表达出要多考虑一下或者再看一下。这种情况下的引导话术:"亲,您对我们的商品还有什么疑问吗?您看看我们能不能帮到您,如果满意的话,您拍下付款后我会尽快给您安排发货。"引导客户说出他的问题,解决之后引导下单付款。

③拍下未付款。商品已经拍下,但长时间不付款或者忘了付款时,可以适当地提示客户付款。这种情况下的引导话术:"亲,这边已经看到您拍下订单了哦,您看我跟您核对一下订单信息(发送收件人地址信息),没有问题的话您付一下款,我们会第一时间帮您安排发货。"

6.订单核实

订单核实是客服不可忽视的一个环节。在客户下单后,客服要及时和客户核实收件人和收货地址等信息,避免出错,还会让买家感受到客服的专业。核实示例如图6.1.7所示。

图6.1.7　订单核实示例

7.与客户道别

不管交易是否达成,客服都需要跟客户道别。如果交易达成,我们要热情道谢、欢迎再来;如果交易没有达成,我们也礼貌道别,欢迎下次再来。

话术技巧:

礼貌道别的引导话术:

①感谢您光临×××店! 我们会尽快为您安排发货,请耐心等待,合作愉快!

②亲,我们店铺将会不断举办促销活动和推出新品,欢迎您收藏我们店铺,如有任何需要可以随时联系我们哦,感谢您的光临!

第2步:了解与客户沟通所需要注意的事项。

1.切忌过度热情做作,让客户感到交流不适

①过于亲昵、做作,忙着套近乎,却忘记了自己工作的本质反而会造成客户的疑虑。例如: 我的小亲亲,您亲爱的小橙子永远在这里守候着您;我最最敬爱的您,非常欢迎您来到小店,在购物之余您也可以和小橙子分享您的开心与忧愁,我永远都在这里守候着您!

②过于做作,把自己放在很卑微的位置,让客户感受到交谈的压力。例如:我的陛下您可算来啦,最近店里的活动可多了,奴才这就给您呈上优惠券来,陛下您还有什么要吩咐奴才的吗?

国家弘扬我们友善的基本道德规范,强调的是公民之间应互相尊重、互相关心、互相帮助、和睦友好,作为客服,可以立足自尊,注重关爱,对客户既热情又不做作,积极解决客户的问题,传递友善互助正能量。

2.客户礼貌用语及客户服务禁语

客服礼貌用语及禁语举例,见表6.1.1。

表6.1.1　客服礼貌用语及禁语举例

礼貌用语	服务禁语
请,您,谢谢,对不起	我不知道……
我很高兴……	不行……
感谢您……	我现在很忙……
很抱歉……	这不是我的错
请您见谅	这是你的原因
我十分明白您的感受	你之前找的哪个客服你现在也找他吧
您对我们很重要	你应该理解我们
我会以最快的速度……	那我也不知道该怎么办了

3. 常用表情

除了常用的礼貌用语之外,合理地使月阿里旺旺表情,也能给远在他方的客户传递出热情、礼貌、耐心与尊重,动态的表情能在客户与客服的交谈中增加谈话的趣味性和生动性。

常用的旺旺表情如图6.1.8所示。

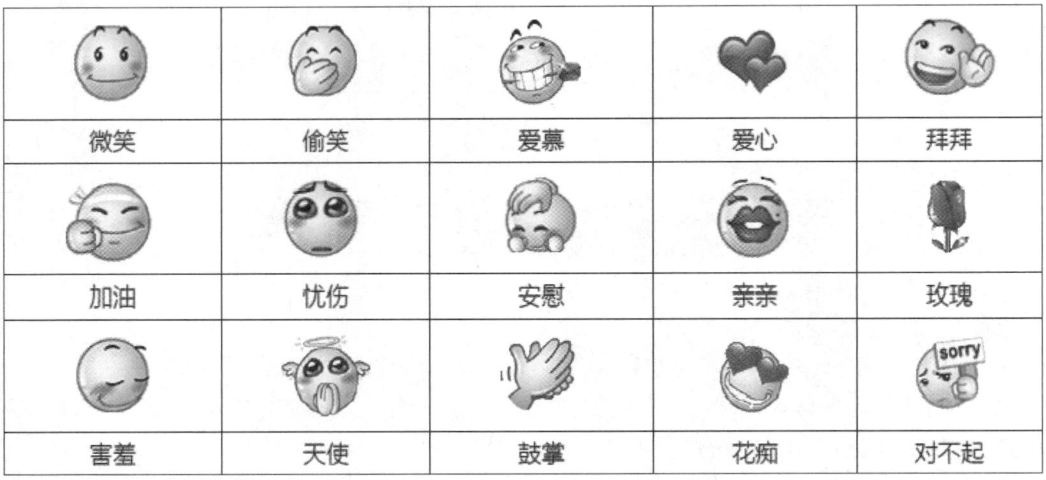

微笑	偷笑	爱慕	爱心	拜拜
加油	忧伤	安慰	亲亲	玫瑰
害羞	天使	鼓掌	花痴	对不起

图6.1.8　阿里旺旺常用表情

活动评价

通过本次活动的学习,让张小明团队对售前客服的流程有了深入的了解,并且也熟知了在售前客户流程各个环节的话术技巧,有效提升客户满意度,促使客户达成交易。

活动3　设置千牛工作平台

活动背景

张小明团队成员已归纳整理并认真学习了网店商品的相关知识,也掌握了售前客服的接待流程,并编撰了话术表达内容,团队成员即将利用千牛工作台进入售前客服实践了。千牛工作台的聊天窗口有哪些功能,快捷短语如何设置等,让我们一起进入千牛工作平台的学习。

活动实施

千牛工作台是在卖家版旺旺的基础上升级而来的一站式商业经营平台,包含卖家工作台、消息中心、阿里旺旺、量子恒道、订单管理、商品管理等主要功能,目前有两个版本:电脑版和手机版,我们以电脑版为例进行学习。

第1步:了解千牛工作台的窗口界面。

1.千牛工作台悬浮条界面

用账号、密码登录千牛工作台之后,会打开"千牛卖家工作台"和"悬浮条"。客服所用到的功能是通过"悬浮条"启动的,"悬浮条"包括4个按钮,分别是接待中心、消息中心、工作台、搜索。右键单击"悬浮条"左侧的千牛图标可以设置保持窗口最前、贴边隐藏和隐藏悬浮条三种状态。

2.客服聊天窗口界面

单击"悬浮条"最左侧的旺旺图标,即可进入接待中心,打开客服的聊天窗口界面如图6.1.9所示,左侧为联系人窗口,中间为聊天窗口,右侧为自主选择的旺旺插件便捷功能窗口。

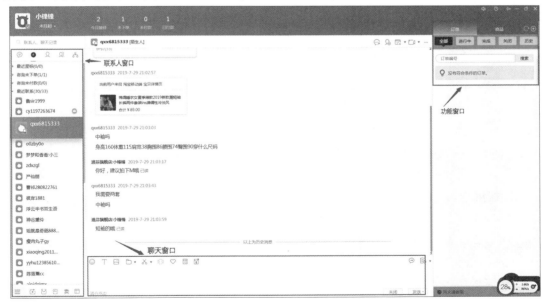

图6.1.9　千牛接待中心聊天窗口界面

第2步:了解千牛自动回复的设置。

①在千牛个人版的接待中心聊天窗口左下角,单击"更多"图标,选择"系统设置"。

②在打开的系统设置对话框中单击"接待设置"下的"自动回复"。

③选择右边弹出的"自动回复"按钮单击进入自动回复设置对话框。

④单击"设置自动回复"选项卡即可勾选并设置自动回复信息。需要注意的是，可以先在"自动回复短语"选项卡下新增自动回复信息，然后在"设置自动回复"选项卡下勾选并在下拉框直接添加已经设置好的自动回复信息，也可以选择下拉框右侧的"新增"或"修改"按钮进行编辑。自动回复设置的操作步骤如图6.1.10所示。

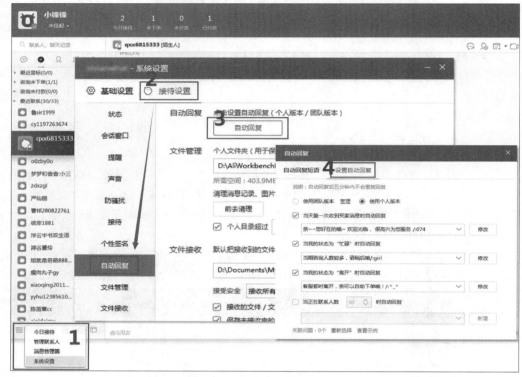

图6.1.10　自动回复设置的步骤

□ 做一做

选择千牛"个人版本"，根据本店实际运营情况，设计一份客服常用语录，新增到"自动回复短语"，勾选并完成"设置自动回复"选项卡下的4项自动回复设置。

□ 拓展思考

自动回复除了可以在"个人版本"进行设置外，也可以直接在"团队版本"中进行设置，但前提是千牛主账号或具有对应管理权限的子账号已进行了自动回复模板设置。

使用团队管理模板设置自动回复的方法如下：

①点击"系统设置"。

②在"系统设置"对话框中点击"自动回复"。

③弹出"自动回复"对话框。

④点击"使用团队版本"右侧的"管理"进入工作台的"团队管理"界面。

⑤点击"自动回复"选项卡下的"新增模板"按钮，即可进入编辑模板的界面，团队管理模板的设置步骤如图6.1.11所示。

在单击"新增模板"后弹出的"编辑模板"界面中输入"模板名称""模板内容"，完成自动回复消息的设置。单击"关联问题"右侧的"选择问题"链接，进入"团队知识库"对话框，可添加关联问题，最多添加10组问题描述及回答，关联问题的设置如图6.1.12所示。

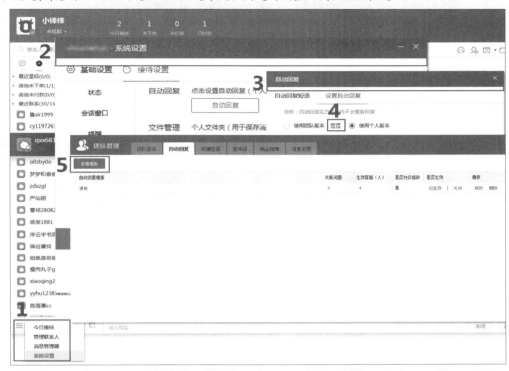

图6.1.11　团队管理模板设置的步骤

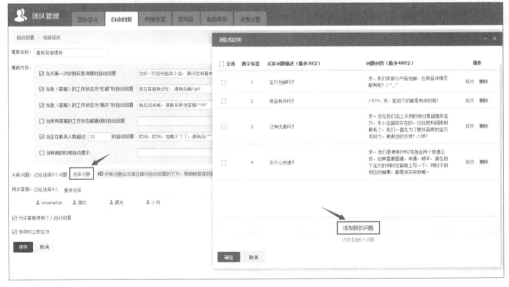

图6.1.12　关联问题的设置

关联问题会出现在客户首次提问自动回复的下方,一般会把平时客户最常问的问题进行收集汇总,编辑成买家问题描述和问题回答,为客户提供方便,显示效果如图6.1.13所示。

图6.1.13 关联问题显示效果

"同步客服"下可以设置团队客服成员,单击"同步客服"右侧的"选择客服"链接即可进入选择客服对话框。这里需要注意的是,需要提前设置好子账号,打开千牛卖家工作台的"店铺管理"下的"子账号管理",即可进入子账号管理首页。

做一做

以小组为单位,为店铺小组成员设置售前客服、售后客服、财务管理、仓储物流、店铺运营、店铺美工等6个角色,并为他们每个人设置一个子账号及对应的权限。

完成"同步客服"的选择之后,根据需要勾选下面的两个选项,单击"保存"按钮即可完成团队自动回复模板的设置。

第3步:了解快捷短语的设置方法。

在与客户沟通的过程中,通常会出现大量重复的问题,如果每一重复的问题都单独回答,不仅增加了重复工作量,而且一旦遇到大型促销活动,客服人员就会显得捉襟见肘;设置快捷短语则可以解决大量重复咨询的问题,以提高回复效率,接下来我们一起学习如何设置快捷短语。

①打开千牛接待中心的聊天窗口,在输入窗口的右上角单击"快捷短语"图标,进入快捷短语界面。

②如果是编辑个人使用的短语,进入"个人"界面。

③单击左下角的"新建"选项。

④在"新增快捷短语"对话框里输入快捷短语内容。

⑤输入快捷编码（可以是中文、英文或数字），点击"保存"按钮完成添加。可重复操作添加多条短语，个人快捷短语的设置如图6.1.14所示。

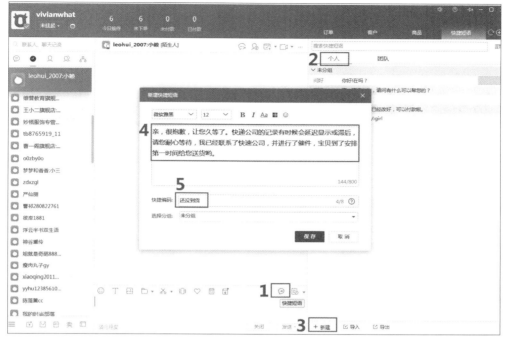

图6.1.14　个人快捷短语设置的步骤

设置好快捷编码后，在与客户聊天的过程中，可以直接在输入框输入"/"及快捷短语的编码，按回车键即可，也可以使用鼠标点选，使用效果如图6.1.15所示。

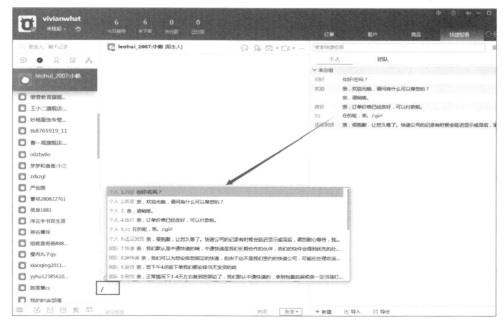

图6.1.15　快捷短语的使用效果

除了逐条新建快捷短语外，还可以将公司规范的客服标准术语汇总到表格，导入到快捷短语。导出和导入只支持CSV和XML格式，建议先选择导出文件，然后将客服标准术语修改到该文件对应的单元格中，保存后导入修改好的文件即可。

如果是团队快捷短语，单击"团队"选项卡下的"管理团队快捷短语"，即可进入"团队管理"的"快捷短语"设置页面。可新增分组，在分组中再新建快捷短语，也可导入快捷短语再编辑分组名称。设置完毕后保存，再回到分组界面点击立即生效。在团队快捷短语中导入快捷短语文件后的效果如图6.1.16所示。

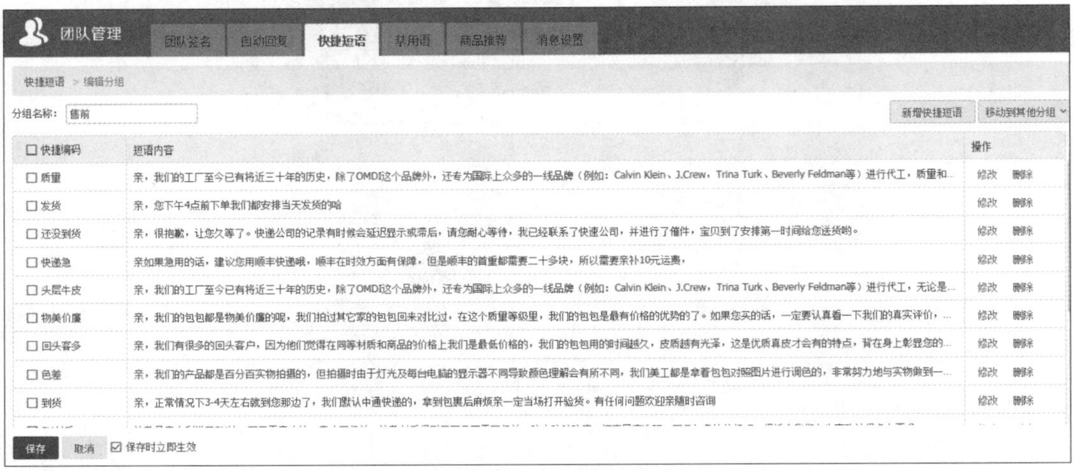

图6.1.16　使用团队管理导入快捷短语后的效果

第4步：了解千牛工作台插件功能的设置方法。

在千牛接待中心聊天窗口的右侧面板，可以添加旺旺插件内置部分便捷功能，单击聊天窗口右上角的加号图标前往旺旺插件中心进行选择，一般常用的插件有"商品""交易""客户运营"。

1."商品"栏目

商品栏目选项卡，见表6.1.2。

表6.1.2　商品栏目选项卡

"足迹"选项卡	查看客户在本店浏览过的商品。
"推荐"选项卡	可以设置团队推荐商品和个人推荐商品，还可以便捷查看根据客户购买习惯推荐的"猜Ta喜欢"商品的SKU、属性，直接发送商品链接给客户。
"热销"选项卡	快速查找本店的热销商品。
"搜索"选项卡	输入商品ID或关键字搜索查找本店的商品。
"橱窗"选项卡	因淘宝目前已取消橱窗推荐功能而无内容显示。

添加"商品"插件能实现方便、快捷地向客户推荐商品的功能。通过"商品"栏目查看各选项卡内容如图6.1.17所示；单击商品"发送"按钮，可直接发送商品链接给客户，效果如图6.1.18所示。

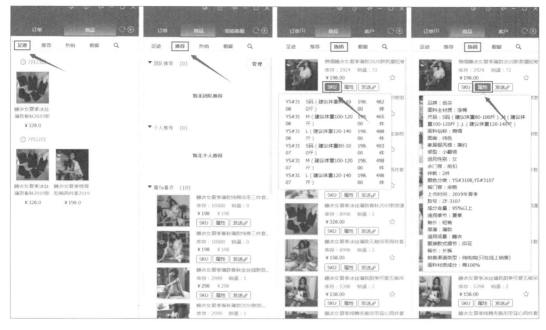

图6.1.17　"商品"栏目下的足迹、推荐、热销选项卡

图6.1.18　"商品"插件的便捷功能使用界面

2."订单"栏目

右边栏目点击"订单",可以即时查看该客户的所有订单信息,该栏目下包括4个选项卡"全部""未完成""已完成""已关闭",客服可以到对应的选项卡去查看客户的订单情况并进行便捷的操作。客服下单后该订单就会出现在"未完成"选项卡下,订单下方会出现"改价""备注""买家留言""地址""催付"5个按钮,可以分别对订单修改价格、添加备注、查看买家留言、发送买家地址、编辑并发送催付信息的便捷操作,操作界面如图6.1.19所示。在客户确定好订单付款之后,订单状态变成"已付款",这个时候订单下方会出现"备注""买家留言""地址""发货"4个按钮。在发货完成之后订单的状态会变成"已发货",订单下方出现"备注""延长收货时间""查物流""地址"按钮,可以延长收货时间为3天、5天、7天和10天,可以查看物流信息并发送物流信息给买家。不同订单状态下的便捷功能操作按钮界面,如图6.1.20所示。

通过"订单"栏目中各选项卡下订单的便捷功能按钮的这些操作,会极大提高客服工作效率。

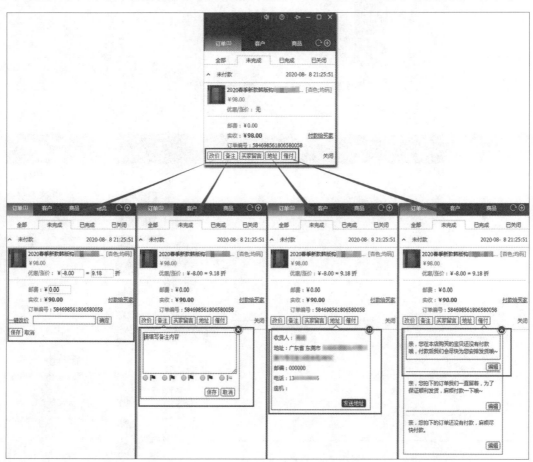

图6.1.19 未支付订单下方按钮的便捷功能操作界面

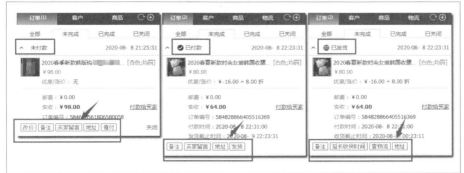

图6.1.20 不同订单状态下的便捷功能操作按钮界面

3."客户"栏目

在右边栏目点击"客户",可以看到当前联系客户的基本情况,包括信誉、好评率、登录时间、注册时间、会员信息、最近交易等客服需要了解的各种信息,还可以对客户进行备注、添加客户标签等,充分了解客户,能有助于客服开展线上服务工作,如图6.1.21所示。

活动评价

通过此次活动的学习,张小明团队深入了解并实践了客服工具——千牛工作台接待中心,不仅学会了自动消息回复的设置,还学会了添加插件使用便捷操作功能,使得他们在接单工作过程中明显提高工作效率,有效提升了客服的各项评价指标。

合作实训

①以6~10人为一小组,各小组同学根据所学知识,结合网店销售的商品,完成表6.1.3的填写。

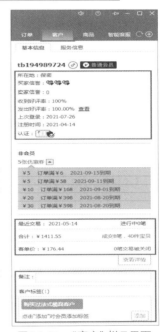

图6.1.21 "客户"栏目界面

表6.1.3 售前知识储备

实训报告	
1. 品牌价值	
2. 商品信息	
规格型号:	功效功用:
材质面料:	配套商品:
风格潮流:	商品特性:
3. 促销活动	
活动内容:	
活动形式:	

②以6~10人为一小组，各小组同学结合自身的店铺，分工合作编汇出本店售前客服的标准术语（可根据网店商品的特点，自行增减表格内容），完成表6.1.4，并将表中的客服标准术语以文件的形式导入到团队快捷短语中。

表6.1.4　客服标准术语

问题类型	问　题	标准术语
议价		
色差		
质量		
材质		
尺寸		
促销活动		

任务2
售中客服工作

情境设计

每一位网店客服初学者在掌握了售前接待技巧后，都能够很好地将一部分咨询客户留住，并引导其下单购买。当客户确定下单后，售前客服的工作基本就完成了，接下来需要进行售中客服的相关工作，售中客服最重要的两项工作，即订单处理和订单跟踪，保证商品能快速、准确、完好地送到客户（手上）。作为一位合格的客服，需要掌握售中客服的工作内容和方法。接下来，张小明团队将开始学习售中客服的工作内容。

任务分解

经过了客服人员售前的服务和沟通之后，部分客户下了订单，接下来客服工作将由售前进入售中环节，本次任务主要学习：①处理订单；②跟踪订单。订单的处理是网店经营的核心要素，尽量保证不能出错，以避免产生纠纷和误会，接下来我们将完成售中客服的订单处理和订单跟踪等工作。

活动1　处理订单

活动背景

客户下单后，客服需要对订单进行审核，内容包括订单信息的完整性和订单信息的正确性。

订单打印时, 经过客服人员的仔细审核, 可以增加订单信息的准确性, 减少订单流失, 减少退款率, 减少运费成本。

活动实施

第1步: 检查订单打印信息是否完整。

客户下单后, 客服需要根据客户的订单信息进行配货, 最后进行打包发货。客服人员需要注意核对4个内容是否完整, 分别是商品信息、客户姓名、客户电话、收货地址。

1.商品信息

由于电子快递单上的商品信息空间有限, 因此如果在客户下单的品种多, 商品数量多的情况下, 就会出现部分的信息会显示不出来, 客服配货时会容易漏发。一般情况下, 需要打印发货单, 检查发货单商品信息的完整性。

2.客户电话

客户的电话在电子快递单上最多能显示两个, 如果有3个电话需要手写进去。

3.客户姓名

一般情况下, 电子快递单上可以显示出来, 但如果是旧款快递单, 打印时, 需要检查快递单上的姓名是否打印偏离或模糊。

4.收货地址

检查电子快递单上地址显示是否完整, 如果有打印不完整需要手写补充。

第2步: 检查订单打印的信息是否正确。

订单打印是否正确主要检查3个方面: 分别是客户备注信息是否一致、运单号是否准确、客户收货信息是否相符。

1.备注信息

主要是检查客户的一些个性化需求信息是否一致, 如商品的颜色、大小、型号、材质以及个性化定制要求等备注信息, 如有错漏, 需要重新打印。

2.运单号

主要检查运单号扫描的准确性, 是否存在运单号和订单号不一致、不匹配的问题, 要保证每件商品的发货信息都准确无误。

3.客户收货信息

核对客户信息主要是查看信息是否打印完整, 如存在客户修改收货地址的, 需要关注是否及时更正。

活动评价

通过此活动的学习, 张小明团队对订单处理的细节有了更具体的了解, 按照这个方法, 他们团队的订单处理的流失率大幅降低。

活动2　跟踪订单

活动背景

订单审核完毕后, 发货信息即将进入仓库, 经过物流包装环节, 商品出库后, 则进入物流运输阶段,此时客服人员要在淘宝后台中设置商品发货,填写物流信息,买家也可通过网站查询快递的相关信息。客服需要随时对订单进行跟踪,了解快递运输情况,并及时向客户进行反馈。

活动实施

在订单跟踪过程中,可能会出现各种情况,客服人员需要掌握好各类订单问题的处理方法,必要时可以通过电话、短信等方式与顾客主动沟通,力求给客户一个满意的购物体验。

第1步: 针对已售商品的订单进行物流信息跟踪。

物流跟踪是指利用物流系统跟踪订单的情况,包括催派件、核实签收、送货上门、修改地址、物流停滞、破损件、丢失件、延误件等。因此,作为客服需要细心做好订单跟踪的工作。

客服可以通过"千牛工作台→订单→菜鸟物流管家→包裹管理→跟进包裹",如图6.2.1所示。在单号项输入订单号或者运单号进入物流跟踪查询,如图6.2.2所示。

图6.2.1　菜鸟物流管家查找页面

图6.2.2　菜鸟物流管家订单跟踪页面

第2步: 尝试解决客户订单中出现的各种物流问题。

1.物流信息滞后问题

物流信息滞后是指物流信息更新慢或者物流信息不更新。这种情况在日常订单中属于常见问题。如果物流信息超过两天没有更新,有可能遇到恶劣天气送货车辆仍在运输途中或者是客户收货地较偏远,派送时间较长,需要到达当地中转站扫描才能更新。

▢ 拓展思考

订单物流信息滞后的客服应对方案

案例内容:一位顾客在网上购买了一个女包,卖家订单核对无误后安排了发货。而后物流信息显示该商品在收货地附近的中转站停留了3天,仍没有信息更新。顾客找到客服,要求客服给予满意的答复。如果你是该客服,你会如何做?

建议如下处理:

①登录千牛工作台,在订单跟踪页面输入运单号,查看物流信息。如果情况属实,客服需要进一步查找原因。

②客服可以通过物流公司官方网站查询对应服务网点联系电话,通过电话沟通了解具体信息不更新的原因。比如:卖家默认使用某快递,通过登录该快递公司的官网即可查询其对应的服务网点联系方式,如图6.2.3所示。

③明确信息不更新的原因后,要及时通过千牛或者电话与客户进行反馈。

图6.2.3　某公司快递服务网点查询

2.促销时段爆仓问题

一般情况下,大型节日促销时段如"双十一""6.18"等大型活动,物流运输压力比较大,物流仓库出现爆仓等情况,容易发生收货慢的问题。因此,作为客服需要在促销活动来临前设置好有关物流延误的"温馨提醒"话术,让客户做好心理准备。

3.地址超区问题

地址超区是最难处理的问题。一般情况下,超区的快递将放到离客户最近的一个网点,要求客户自取,但是一般情况下,客户不愿意自取,购物体验不满意,有可能造成退件情况。作为客服应该在核实订单时确认收货地是否存在超区问题。如果收货地址属于超区情况,客服及时和客户沟通，安排其他快递发货。

第3步：学会用短信提醒客户物流的相关信息。

客服在订单跟踪过程中，除了要处理客户的订单问题，还要学会设置短信提醒，即设定不同物流环节给顾客发送订单跟踪信息。订单跟踪信息有3个重要环节，分别是订单发货信息、订单配送信息以及订单签收信息，客服可以将这3个环节的信息及时告知客户，让客户及时了解商品的物流状态。

活动评价

通过本活动的学习，张小明团队的客服人员学会了订单处理和订单跟踪的操作，并且完善了其客户短信提醒功能，这样便能顺利完成售中客服的工作。

合作实训

①各小组同学根据所学的知识，登录开设的网店，并打印一份订单，并对订单信息进行核对。在操作过程中，小组要记录操作步骤和操作遇到的问题，并完成一份实训报告，见表6.2.1。

表6.2.1　订单核对实训

订单核对实训
1.订单核对的操作步骤
2.操作中遇到的问题
3.小组成员间如何解决遇到的问题

②以6~10人为一小组，各小组同学结合自身的店铺，制定订单发货、订单配送以及订单签收三个短信提醒内容，完成表6.2.2。

表6.2.2　订单提醒表格

订单发货通知	订单配货通知	订单签收通知

任务3
售后客服工作

情境设计

张小明团队客服人员，经过了售前和售中客服的学习后，客服人员的工作越来越规范，接下来还有一个很重要的工作要完成，即售后客服工作。售后客服工作是网店客服的重要环节之一，售后服务质量和商品本身质量、店铺信誉同等重要，决定着网店运营的成败，贴心周到的售后服务会给客户带来愉悦的心情，进而将客户转化为回头客甚至是忠实客户。

任务分解

售后服务是售后工作最重要的环节，售后服务的优劣能直接影响消费者对本次购物的满意程度。作为一个合格的售后客服，要为客户排解各种困难，需要学习：①处理常见退换货；②开展网店评价管理，通过学习，不断提高售后服务的方法、技巧，以及提高服务整体质量和成效。

活动1　处理常见退换货

活动背景

张小明带领团队成员对退换货的处理进行了梳理，并且整理出了一套退换货的处理方法和案例，对不同情况下的退换货处理提供了参考依据，供其他客服人员学习借鉴。

活动实施

第1步： 学会换货的处理方法。

在客户收到货后，如果是商品发错货、质量有问题、尺寸规格不合适、7天无理由退换货等原因，都可以向客服提出换货。客服可根据客户要求先咨询换货原因，符合换货条件应立即做好备注，并给客户安排换货。

第2步： 学会退货的处理方法。

不同的退货原因，退货处理方法也有所不同，售后跟进方式也有所不同，表6.3.1是客服退货处理情况汇总。

表6.3.1 客户退货处理汇总表

退货原因	退货处理方法	后续跟进
货物破损、丢件	①联系客户提供实物照片确认商品情况；②向快递公司核实签收情况；③若非本人签收，且没有客户授权，客服先给客户退款，并与快递公司协商索赔。	①发货前仔细检查商品质量；②选择快递公司时，做好充分的调查，尽量选择服务品质高、发货速度较快的快递公司合作；③与快递公司提前协商，明确商品破损、丢件等损失的责任。
质量问题	①联系客户提供实物照片，核实情况；②核实进货的商品质量合格情况；③若是一般瑕疵，可以直接给客户合理的金额补偿，劝说客户留下商品；④若是确认商品问题影响使用，可直接同意客户的退货申请。	重新挑选优质的进货渠道。
描述不符	①检查商品详情页描述是否有误导顾客理解的内容；②确认商品是否有错发；③确定描述有误导或者商品有错发，可以联系客户协商，给予换货或退货。	①有责任检查每一个商品详情页描述内容，确保表达无歧义；②加强配货工作人员的培训，确保发货商品和客户购买的商品一致。
商品非正品	①检查货源渠道是否具备相关资质；②若供应商资质出现问题，要同意客户退货请求，安抚客户。	①严格选择商品质量过关的供应商；②保留好相关的商品进货凭证。

第3步：了解退换货中出现的典型案例，并学习处理方法。在处理退换货的过程中，要秉着为客服提供高质量、满意的服务的宗旨，在条件允许的情况下，尽量满足消费者合理的要求。进而体现中国人民的高水平和高素质。

◆**案例1　未收货的案例**

4月10日，张红在淘宝网的一家店铺购买了一个充电宝。卖家在4月10日晚上打包好并发货，网上记录显示"2021-04-10 20:31:08由快递员揽件"。由于一直没有收到货，张红2021年04月13日申请退款，退款理由是卖家未按约定时间发货，1天后快递上门送货，张红拒收。

处理方式：根据淘宝规则，买家付款后，卖家需要按照和买家约定好的时间发出货物。如果没有约定时间，卖家要在买家付款后的72小时内发货，一般以物流揽件时间记录为准，否则被视为"卖家未按约定时间发货"。

案例中，卖家是在72小时内发货的，而张红对商品没有提出疑问，因此张红属于无理由拒收，客服需引导买家重新选择退货理由，以"七天无理由退换货"的理由给买家退货处理。

◆**案例2　收到商品有破损的案例**

王磊在淘宝网购买了一个花瓶，快递员送货时，王磊现场打开验收，发现花瓶有破损，当场拒签，同时让快递员在快递单上注明，并拍照保留证据。商品退回给卖家后，卖家认为花瓶寄出去是完整无缺的，应该是在物流运输中损坏的，需要买家承担来回运费，共44元，王磊不同意，申请淘宝客服介入协调。

处理方式: 在《电子商务法》颁发后规定, 客户收到的商品有质量问题, 无论是商家责任还是快递公司责任, 商家都需要同意客户退货申请, 全额退款给客户, 运费由商家承担。如果有证据证明是物流公司导致商品破损, 商家可以直接向快递公司索赔。

◆**案例3　不喜欢, 效果不好申请退款的案例**

刘星在淘宝上买了一件衣服, 收到货后觉得不喜欢联系卖家要求退货, 但是卖家没有理会刘星的请求。于是, 刘星申请退货退款, 理由是: 7天无理由退换货。系统自动提供卖家的退货地址, 刘星对该店铺客服的服务态度不满意, 因此直接使用顺丰到付的方式寄回去。卖家签收货后表示买家使用到付, 要求买家支付到付费用43元, 刘星认为卖家没有说过不能到付, 而且客服服务态度差, 不愿意承担运费, 卖家申请淘宝客服介入协调。

处理方式: "7天无理由退换货"中, 邮费是默认由买家自己承担。案例中, 在卖家没有同意的情况下, 买家使用到付方式退货, 是不正确的, 因此运费43元应该由买家来承担。

◆**案例4　商品非正品的案例**

梁雪买了一款品牌手表, 签收后认为该表不是正品, 申请退款, 还提供了真假对比的图。但是, 卖家承诺该手表是正品。拒绝买家申请退款的理由, 梁雪要求淘宝客服介入协调。

处理方式: 买家能提供有效的举证资料, 淘宝官方更倾向于支持退货退款, 且对卖家账号给予相应的处罚。

◆**案例5　质量问题的案例**

吴斌买了一个商务包, 用了几天拉链坏了, 申请退款, 理由为: 商品有质量问题, 并上传了质量问题照片作为佐证。但是, 卖家拒绝退款退货, 吴斌要求淘宝客服介入。

处理方式: 如果买家提供的佐证照片能清楚看出拉链坏了问题, 一般情况下淘宝客服要求卖家同意买家的退款申请, 并且全额退款。

活动评价

通过此活动的学习, 张小明团队售后退换货的处理方法有了深入的了解, 并且通过典型案例的学习, 让他们团队对特殊售后服务问题有了更多的经验。

活动2　开展网店评价管理

活动背景

张小明创业团队的商品已经上架, 部分商品已经有了一定的浏览量、成交量, 当完成商品的交易后, 买家都会对此次交易进行评价, 淘宝店铺评价对于店铺运营者, 尤其是新开店铺来说, 非常重要。那么如何有效进行商品评价管理, 是张小明团队需要关注的问题。

活动实施

第1步: 登录淘宝店铺后台, 查看店铺动态评分及评价。

评价管理是淘宝卖家中心的一个非常重要的模块, 买家通过对商品的评价真实反映购买商品及店铺服务的情况, 卖家查

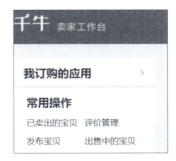

图6.3.1　评价管理

看评价了解店铺的优势与不足。买家的评价及评分影响店铺的动态评分和信用等级，对于整个店铺的运营影响是非常大的。接下来将介绍店铺的评价管理。

①进入"卖家中心"→"交易管理"→"评价管理"，如图6.3.1所示。

②了解店铺动态评分规则，并查看店铺动态分数，如图6.3.2所示。

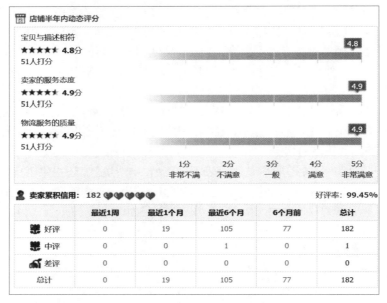

图6.3.2 店铺动态评分

淘宝的店铺动态评分也称DSR动态评分，它通过宝贝与描述相符、卖家的服务态度、物流服务的质量3个项目进行评分，各项评分有5个等级，1分为最差，5分为最好，一个店铺的起始评分是5分，每项店铺评分取连续6个月内所有买家给予评分的算术平均值。交易成功后的15天内，客户可本着自愿的原则对卖家进行店铺评分。逾期未打分则视为放弃，系统不会产生默认评分，也不会影响卖家的店铺评分。

📖 知识窗

店铺动态评分的重要性

淘宝的店铺动态评分是淘宝平台自然搜索权重的影响因素之一，也是淘宝官方活动要求的基本指标之一。如果店铺动态评分小于4.4分，所有宝贝的搜索都被降权；店铺动态评分小于4.6，卖家不能报淘宝的官方活动。具体影响如下：

①影响搜索排名

淘宝官方对店铺出台DSR考核标准，就是为了对买家针对店铺的购物体验和宝贝满意度进行统一的数据统计，不同的店铺分数分配给店铺不同的流量扶持。

②影响转化率

淘宝众多客户在购买商品时，都会去关注店铺动态评分，客户们往往存在从众心理，其他购买过的买家反馈都会拿来衡量，因此评分较低的店铺转化率明显是要低于评分较高的店铺。

③活动报名受限

店铺报名参加平台活动可以提升宝贝曝光率、积累新客户、提升销量等。但是，淘宝官方平台活动报名有严格的店铺分数限制。若店铺动态评分偏低，会直接影响到店铺活动报名和审核。

④影响金牌卖家的打标

金牌卖家目前成为淘宝C店的一个重点优势标志。很多客户喜欢去金牌卖家的店铺购买商品。其中，DSR分数是考核店铺能否成为金牌卖家的一个重要因素。

总之，店铺动态评分成了店铺的形象和综合实力的象征。与此同时，店铺评分高于行业评分的店铺更能获取客户的信任和选择，反之则容易引起客户的质疑和流失。

③回复店铺买家的评价，进入"评价管理"，选择"来自买家的评价"，并选择"评价"——→"有评价内容"，点击评价内容后的"回复"，即可对该评价答复解释，如图6.3.3所示。

图6.3.3 评价回复

第2步： 学会适当提醒买家收到货后给予商品好评。

买家的评价对于店铺运营至关重要，如何引导更多的买家进行好评？这是店铺运营需要关注的内容。接下来将主要从两方面进行分析。

1.好评的首要条件

商品质量是买家好评的首要条件，如果商品质量太差且性价比不高，那么想要获得买家好评，是较为困难的。而且即使店铺有一定的好评，但是差评太多，也会影响整个评价，最终导致下单转化率下降。

2.提醒买家参与好评的话术

提醒买家参与好评可以通过旺旺、电话、短信的方式通知客户。对于客服来说，提醒买家好评并不难，但需要客服掌握一定的话术技巧，具体见表6.3.2。

表6.3.2 邀请评价的话术

亲爱的"×××"（昵称），小店收到飞鸽传书，得知您的宝贝已经安全抵达。有任何疑问欢迎咨询我们。满意的请记得5分好评，一路相知，伴随左右。
亲，包裹正在派送中，签收时记得检查哦。满意的话请给我们全5星好评，记得分享您的试穿感受哦。
亲，对小店买的宝贝满意吗？满意的话请给我们满分好评。虽然一个评价对您来说不值一提，但对于我们打工的人来说真的很重要，拜托您。
您在某某旗舰店购买的商品***：已被某快递公司快运揽收，他正以火箭般的速度飞到您手中！如果对我们的商品和服务满意，期待您的5星好评！谢谢~

买家的评价对于店铺运营虽然重要，但切不可为了获取好评，而用让客户获利的方式以换取虚假好评，刷单、好评返现等行为都是《电子商务法》中明确禁止的行为，网店的客服人员应该自觉遵守社会道德规范，诚信经营为本，勇担社会责任。

知识窗

有用的评价管理

淘宝的评价可以作为彼此交易的一个参考,评价高的店铺对于新客户具有较高的参考和推荐价值,更容易提升店铺的转化率。店铺每得到一个"好评",就能够积累1分。250分以内的积分用红心来表示;251分到1万分用金钻来表示;10001分至50万分评价积分用蓝色皇冠表示;50万分以上的信用等级用金色皇冠表示。信用等级越高,代表着店铺的信誉越高。除了好评的累计分数外,店铺的评价同样重要。淘宝的默认好评相对来说作用不大,有用的评价主要形式有以下几个方面:

①全五星好评;

②评论文字过百,且包含商品使用体验等信息;

③有商品真实拍摄的图片及视频;

④追加评价及追加评价图片。

因此,店铺的信用管理应朝着这4种评价方向努力。

活动评价

通过此活动的学习,张小明团队对售后的邀请评价有了深入了解,明确了邀请好评的话术和评价技巧,同时也了解了店铺评价规则,避免店铺日后出现违规行为。

合作实训

各小组同学根据所学知识和店铺的销售内容,整理出一份《好评邀请》的资料,其中包括一条电话评价邀请的话术内容、一条短信评价邀请的话术内容和一张评价邀请的店铺小卡片。

>>>>>> 任务4
智能客服的应用

情境设计

随着科技和人工智能的不断发展,信息化、网络化、智能化的服务给我们的工作和生活带来了较大冲击和变化,如在生活中经常见到的智能客服,尤其是各大电商企业,几乎都有提供智能客服服务,以帮助处理基础性、常见的大批量并发服务请求,以此降低人工服务成本、提高服务效率,同时在一定程度上解决了人工服务品质参差不齐的情况。智能客服对网店客服接下来,张小明将带领他的创业团队开始对智能客服进行学习。

任务分解

在网店经营中,大多数网店都存在着客服人员配备不足的情况,尤其是在大型促销活动中,会同时涌现大量、并发的客户咨询,如果客服回复率低、响应速度慢,会直接影响用户体验,甚至会影响询单转化率。为了保持店铺长期健康的运作,张小明的创业团队有必要培养一个人工智能训练师,专门训练智能客服用以辅助店铺开展的客户服务工作。本次任务团队成员将主要学习:①智能客服的概念;②智能客服的应用。本次任务将以淘宝的智能客服——店小蜜作为代表进行介绍。

活动1　掌握人工智能训练师的概况

活动背景

网店客服的日常工作中,往往存在着人力不足、成本高、客服服务质量有波动等多个方面的问题,特别是在双十一、双十二、618大促、春节、店铺周年庆等各种节假日促销活动中,网店接到的客户咨询数量是日常的数倍以上。这时候非常有必要借助智能客服来解决以上问题。那么,人工智能训练师是谁? 人工智能训练师的工作内容包括哪些? 智能客服适用于哪些场景? 这些都是我们需要学习的。

活动实施

人工智能训练师是近年随着AI技术广泛应用产生的新兴职业,他们的工作是让AI更懂人类,更好地为人类服务。人们熟悉的天猫精灵、菜鸟语音助手、阿里小蜜、店小蜜等智能产品背后,都有人工智能训练师的付出。

第1步: 人工智能训练师的介绍。

人工智能训练师(Artificial Intelligence Trainer, 简称AIT)是一群通过业务梳理、语料梳理、对话设计、训练评测、数据分析、效果调优等方法,与算法工程师一起,不断提升智能产品在业务应用过程中解决问题的一群人,他们能推动业务更快速、更高效达成目标,让智能产品更好服务用户。

第2步: 人工智能训练师的工作内容。

人工智能训练师的主要任务是完成智能服务的建设,其建设分为建设期和运行完善期。在不同阶段,训练师对智能服务训练内容也有所区别。

1.建设期的主要工作

人工智能训练师在建设期需要完成5个步骤,包括业务梳理、语料梳理、对话设计、产品配置、评测和调优,具体工作内容见表6.4.1。

表6.4.1 人工智能训练师建设期工作内容

步骤	步骤1 业务梳理	步骤2 话术梳理	步骤3 话术设计	步骤4 产品配置	步骤5 评测和调优
工作内容	明确本次智能服务需要解决的问题，希望达到的效果。确定服务场景，比如售前客服智能服务、活动智能服务，再根据业务范围梳理具体的服务内容。	将原始有效话术进行收集，比如顾客线上咨询的问题、咨询中的高频问题，并将话术进行分类汇总，如分为商品话术、活动话术、物流话术等，最后根据语料特性选择合适的算法和产品功能。	即机器人的话术设计，分为一问一答和多轮对话两种方式。对于多轮对话，需要梳理多轮对话意图，且要在保证用户良好体验的情况下进行交互设计。	即产品功能配置，一般包括知识库配置、智能产品学习、对话工程配置和机器人信息设置等。	通过批量测试方式，对智能客服机器人进行效果评测，并根据测评结果进行调优设置。

2.运行完善期的主要工作

智能客服建设完成后，智能客服即可进行线上服务，也就是进入到智能客服运行完善阶段。主要内容包括数据分析、效果提升和体验提升。

（1）作为人工智能训练师数据分析是非常重要的工作。训练师要对目前运营的现状进行分析，建立日常数据报表和监控体系，并根据日常服务数据对营销销售的因素进行分析，如分析用户咨询时人工客服和智能客服的占比、服务内容是否有一定的流程、哪些内容适合由机器人来回答等。

（2）人工智能训练师需要基于数据分析结论设计智能服务效果调优方案，并进行实施和跟踪，确定调优方案有效可行。

（3）经过效果调优后，训练师需要对整体智能服务的体验质量进行提升，比如提升知识库知识的质量、服务场景进一步丰富等。

⊟ **知识窗**

> **人工智能训练师需具备哪些能力?**
>
> 常作为一名人工智能训练师，单纯具备数据分析能力是难以完成智能客服的训练工作，必须同时具备以下几种能力才能胜任这一工作岗位。
>
> ①理解客户：具备客户服务能力，了解客户的需求，能够在客户服务中挖掘服务客户的场景。
>
> ②熟知产品：能够熟练掌握所销售产品的特点，能够根据产品特点设置标准化内容，训练智能客服进行服务。
>
> ③精通业务：能够梳理业务流程中存在的痛点、并设计优化方案。
>
> ④巧用分析：能对运营数据、客服相关数据进行分析，并且能根据不同时期的运营目标，对数据分析得出结论并完善智能客服实施方案。

⑤经验积累:勤于总结日常训练工作中的问题和解决方法,积累工作经验。

第3步: 智能客服的介绍。

智能客服是基于自然语言处理(NLP)技术和人工智能(AI)技术提供智能会话能力的云服务;个人无须掌握NLP等技术,就可以创建自己的对话机器人。在网店运营中,常见的智能客服是店小蜜。

店小蜜是商家版智能客服机器人,它可以在人工客服离线下班后自动上线接待用户,可以在人工客服繁忙时,前置于人工,率先接待买家,如问题解决不了,可无缝转接到人工,保证100%响应率,降低旺旺响应时长,提升服务效能。

总的来说,店小蜜是一个懂电商的智能客服机器人,"机器大脑"覆盖各行业通用知识及行业内高频次问题,一键添加、简单配置即可使用,同时支持自定义用户添加店铺特色问答,提升客服问题解决能力。具体功能如图6.4.1所示。

图 6.4.1 店小蜜主要功能界面

(1)智能电商知识库:店小蜜的智能电商知识库内含通用知识库和行业知识库,商家可以在此基础上自定义知识库,建立自身店铺的买家问题和答案。

(2)欢迎语卡片:当客户进入聊天对话框后,店小蜜能完成常见的问候以及常见的咨询问题,提升客户问题的解决率,如图6.4.2所示。

(3)售前智能导购:店小蜜能根据用户提供的信息,自动读取咨询内容,再根据咨询内容自动抓取商品页面参数,自动识别商品链接,并发送给咨询客户完成智能导购的行为。

(4)选码智能推荐:店小蜜根据配置尺码表信息,自动获取买家数据,并读取尺码表配置信息,实现智能选码推荐,这个功能适用于服装类和鞋靴类。

(5)售后智能服务:店小蜜可通过读取订单状态,进行智能回复,特别是常见的售后问题均能自动识别回复,同时支持售后问题直接转人工服务的功能。

(6)拟人化服务:店小蜜能做到多答案随机回复、聊天互动智能回复和答案递进式回复等,使得店小蜜能像人工一样亲切地服务顾客。

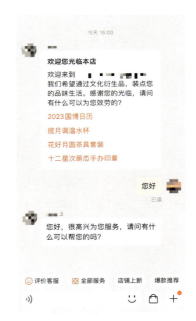

图 6.4.2 智能客服与客户的对话界面

(7)无缝转人工:训练师能设置店小蜜和人工客服之间的顺利转交。

活动评价

通过本次学习活动,张小明对人工智能训练师的概念、人工智能训练师的功能有了详细的了解。同时，也让张小明对智能客服有了更深入的理解，接下来，张小明会带领团队共同完成智能客服的具体实施方案的制定。

合作实训

根据所学内容，完成团队探究任务。

（1）假设你是网店客服负责人，现在需要组织团队成员共同寻找智能客服运用中成功的案例，并把他们优秀的服务内容填入表6.4.2（附：智能客服功能共包括7个功能，请参考书本"智能客服的介绍"的知识）。

表6.4.2 智能客服应用案例

店铺名称	运用的智能客服功能	该功能为店铺解决了什么问题

（2）结合团队网店运营的类目，请思考并回答团队如何利用店小蜜开展客服工作，请制定一个简单的工作方案。

活动2 智能客服的应用

活动背景

通过前一个活动的学习，张小明团队对人工智能训练师这个职业和智能客服有了初步的了解和认识。接下来，本次学习活动将会以淘宝智能客服——店小蜜作为工具进行介绍：如何开启店小蜜功能、如何进入店小蜜、如何设置机器人接待模式等，这些都是新手智能训练师需要掌握的基本操作。除此外，我们还需要重点学习店小蜜最核心的部分——店小蜜的问答管理系统。

活动实施

第1步： 开启淘宝智能客服——店小蜜。

开启店小蜜前，需要在千牛后台通过虚拟子账号"服务助手"进行设置。服务助手开通需要涉及分流规则，所以启用时必须先创建子账号。

通过主账号依次进入"千牛工作台"→"店铺"→"子账号管理"→"员工管理"，找到人工智能训练师的对应子账号，点击"修改权限"，在"子账号管理"中找到"分流管理"，勾选授权即可。如图所示6.4.3和6.4.4所示。这样人工智能训练师就能进入到店小蜜后台进行设置了。

图6.4.3　智能客服训练师的子账号管理

图6.4.4　子账号的分流管理设置

第2步：进入店小蜜后台。

在千牛工作台的"首页"顶部搜索框内输入"店小蜜"，在搜索结果中点击"阿里店小蜜"，即可进入到店小蜜后台，如图6.4.5所示。

图6.4.5　阿里店小蜜的入口

第3步：设置机器人参与分流接待。

依次进入"千牛工作台"→"客服"→"客服分流"→"高级设置"，点击选择"机器人配置"，选择具体要使用的机器人,紧接着可以设置机器人的接待模式。机器人的接待模式一共有4种,如图6.4.6所示。

图6.4.6　智能机器人的4种接待模式

在设置机器人接待的技巧上,可以分为全店维度和分组维度。其中,全店维度是指全店所有分组都是用机器人优先、人工优先、混合模式;分组维度是指按不同的分组设置不同的接待模式。具体见表6.4.3。

表6.4.3　客服接待的4种模式

维度		接待模式
全店维度	机器人优先	即使有人工在线,新咨询也会先接入机器人服务,出现机器人解答不了等情况后才会转入人工服务。
	人工优先	新咨询优先进入人工服务,当人工不在线或者全部挂起的时候,客户咨询才会接入机器人服务。
	混合模式	按照比例相应分配人工优先和机器人优先的咨询,商家可根据实际的接待压力动态调节流量比例。
分组维度		比如,把售前分组设置为机器人优先,售后分组设置为人工优先。这样,售前咨询的消费者,就会先接入到机器人;售后请求的消费者,就会直接进到人工服务。

第4步: 设置店小蜜的问答管理。

🗋 **知识窗**

密码设置要求

淘问答管理是店小蜜的"智能大脑",里面储存着小蜜回复给买家的知识信息,因而问答管理的创建和维护对小蜜的使用至关重要。问答管理中设置了五大核心部分,包括常见问答配置、关键字回复、直播知识库、智能尺码表和活动问答专区,每一个核心部分里又分为若干个类目。

如图6.4.7所示。

图6.4.7　阿里店小蜜的问答管理界面

那么,如何配置智能客服店小蜜的问题和答案呢? 接下来,让我们一起学习:

(1)打开"问答管理"栏目下的"常见问答配置"板块,找到想要配置的问题类目。如图6.4.7所示。

(2)找到需要配置的知识,点击图中铅笔形状按钮或"增加答案"按钮,进入答案编辑页面,需要注意的是如果觉得设置的答案不合适,可以单击"删除"按钮重新添加。如图6.4.8所示。

图6.4.8　配置问题及答案

(3)点击铅笔按钮,进入到答案编辑页面,先点击"文本内容"编辑答案,编辑框内可以根据需要插入变量标签,如有需要可以添加说明的图片或表情包,增加答案的丰富度。此外,也可以根据需要设定相关的满足条件，如图**6.4.9**所示。

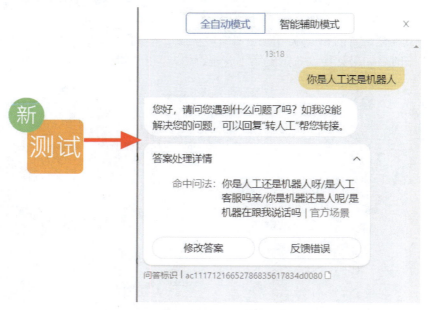

图6.4.9　智能客服满足条件的设定

（4）配置完成后，可以点击店铺知识页面右侧任务栏的测试图表，进入测试窗测试本条答案的匹配效果，如图**6.4.10**所示。

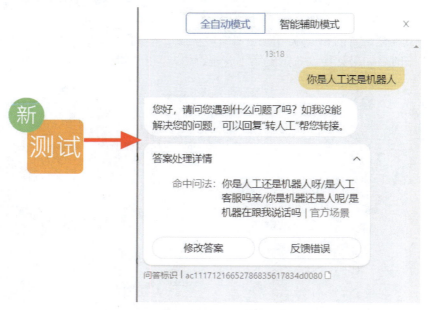

图6.4.10　智能客服的匹配测试

活动评价

通过本次活动的学习，张小明的团队成员充分认识到店小蜜的重要性，也了解到如何开启店小蜜以及问答管理的设置方法，接下来，张小明会带领团队成员一起对店小蜜的常见问答配置进行完善，让智能客服真正辅助店铺进行客户服务工作。

合作实训

（1）假设你是网店客服负责人，现在请组织团队成员一起对店小蜜的常见问答配置进行完善，让你店铺里的智能客服真正辅助店铺进行客户服务工作。

（2）请以6~10人为一小组进行分组，各小组同学根据所学知识，对以下行业高频的问题进行设置，并匹配合理的话术，用以录入店小蜜的"常见问答配置"中。

问题描述	问法实例（至少写3个）	通用话术建议
发送商品链接		
咨询发货时间		
咨询默认发货快递		
买家要求尽快发货，不发将退款		
咨询快递到达时间，能否指定时间段送达		
买家指定快递		
咨询是否有赠品		
买家要求包邮		
咨询商品价格		
咨询商品是否正品		
咨询能否优惠		
买家表示已下单		
买家反馈已收货		
咨询商品质量		

项目总结

本项目的学习是网店创业团队的必修课，经过店铺的运营推广后，良好的客户服务是最终促成买家成交的重要环节，本项目按照客户服务流程的先后顺序进行实践讲解，分别从售前、售中、售后的三个环节讲述网店客服的工作内容和工作方法，旨在提高创业团队的服务意识和服务技巧，帮助客服人员发现买家需求，提供优质客户服务，提高客户满意度，有效维护客户关系，赢得回头客，能妥善解决商品销售所产生的各类问题，接下来，需要创业团队成员继续在实践中认识、理解和提高服务质量。

项目检测

1.单项选择题(每题只有一个正确答案,请将正确的答案填在括号中)

(1)买家在给出评价后有几次机会修改评价?(　　)

　A.不限　　　　　　B.2次　　　　　　C.1次　　　　　　D.不能修改

(2)顾客说:"我拍下的款式和收到的款式不一样呢?"作为客服你该如何回复?(　　)

　A.亲,非常抱歉,估计是我们仓库发错货,您将就用吧。

　B.亲,是我们的原因给您带来不愉快的购物,敬请原谅。

　C.亲,估计是仓库的疏忽导致了误会,非常的抱歉,请您把收到的货物寄给我们,我们在收到货物后会把您拍下的款式再寄给您,来回邮费我们商家承担。再一次表达歉意,敬请原谅。

　D.亲,你再仔细看一下,是不是款式不一样呢?

(3)顾客问:"这款洗面奶是否有过敏反应?"客服应该怎么回答?(　　)

　A.亲,99%以上人使用都是不会过敏的,护肤品成分各有不同,敏感性肌肤的人士请先在耳后进行测试后再使用哦。

　B.亲,100%不会过敏的,我们用的都是纯天然的材料哦。

　C.绝对不会有过敏的,我自己也在用。

　D.亲,这个因人而异,我不敢保证你就一定不会过敏啊!

(4)以下关于DSR说法正确的是?(　　)

　A.DSR代表商品的动态评分。

　B.DSR是淘宝官方活动要求的基本指标之一,它代表着店铺的形象和综合实力。

　C.DSR最高分是10分。

　D.DSR是一种诚信度和信赖依据,低于行业的评分可以更快地获取客户的信任和选择,反之则容易引起客户的质疑和流失。

(5)由买家发起的"7天无理由退货"服务的邮费承担原则:交易中的运费争议,根据(　　)的原则处理。

　A.买家自己承担　　　　　　　　B.谁过错,谁承担

　C.卖家自己承担　　　　　　　　D.买家卖家一人承担一半

2.多项选择题(每题有两个或两个以上的正确答案,请将正确的答案填在括号中)

(1)以下属于售前商品属性知识的是(　　)。

　A.规格型号　　　B.积分换购　　　C.配套商品　　　D.功效功能

(2)以下客户沟通的话术中,使用得当的是(　　)。

　A.我的小亲亲,您亲爱的小橙子永远在这里守候着您,我最敬爱的您,非常欢迎您来到小店,在购物之余您也可以和小橙子分享您的开心与忧愁,我永远都在这里守候着您!

　B.亲,我们店铺将会不断举办促销活动和推出新品,欢迎您收藏我们店铺,如有任何需要可以随时联系我们哦,感谢您的光临。

　C.亲,这边已经看到您拍下订单了哦,和您核对一下订单信息(发送收件人地址信息),没有问题的话您付一下款,我们会第一时间帮您安排发货哦。

D.亲, 您好, 欢迎光临, 我是客服小华, 很高兴为您服务!

（3）订单打印是否正确主要检查3个方面, 分别是（　　）。

　　A.客户备注信息是否一致　　　　　　　　B.货运单号是否准确

　　C.客户收货信息是否相符　　　　　　　　D.发货时间是否合理

（4）订单跟踪信息有3个重要环节, 分别是（　　）。

　　A.订单发货信息　　　　　　　　　　　　B.订单配送信息

　　C.订单配货信息　　　　　　　　　　　　D.订单签收信息

（5）以下说法错误的是（　　）。

　　A.在客户收到货后, 如果商品发错货、质量有问题、尺寸规格不合适、7天无理由退换货
　　　等原因, 都可以向客服提出换货

　　B.客服可根据客户要求先咨询换货原因, 符合换货条件应立即做好备注, 并给客户安排
　　　换货

　　C.不同的退货原因, 退货处理方法都是相同的

　　D.对于有质量问题的商品申请退货, 客服第一时间需要联系快递上门收货即可

3.判断题（正确的画 "√", 错误的画 "×"）

（1）千牛工作台是在卖家版旺旺的基础上升级而来的一站式商业经营平台, 目前只有一个版
　　本, 那就是电脑版。　　　　　　　　　　　　　　　　　　　　　　　　　　　（　　）

（2）物流信息滞后是指物流信息更新慢或者物流信息不更新。　　　　　　　　　　（　　）

（3）不同的退货原因, 退货处理方法都是相同的。　　　　　　　　　　　　　　　（　　）

（4）一般情况下, 买家购物如无不好的体验, 则会默认好评。　　　　　　　　　　（　　）

（5）如果商家销售假货, 买家只要能提供有效的举证资料, 淘宝官方支持退货退款, 且对卖
　　家账号给予相应的处罚。　　　　　　　　　　　　　　　　　　　　　　　　　（　　）

4.简述题

作为客服, 遇到差评客户是难免的。如果经过沟通后, 客户不愿意修改恶意评论, 作为客服
需第一时间回评解释。请根据以下恶意差评, 进行回评。

客户评价内容: 一到货就摸了一下这件衣服的面料, 质量好差! 穿着也不舒服,
颜色也有色差, 第一次买到又贵又差的衣服, 很失望。

客服回评:

项目6
项目检测答案

项目 7
网店物流运营

▢ 项目综述

在张小明及其团队的努力下,"创业之星"团队已经在网上成功开设了一家属于自己的淘宝店铺。通过学习,团队成员已经掌握了店铺开设、装修美化、促销推广、数据分析、客户服务等方法和技巧,并将所学到的知识应用到店铺运营之中。随着店铺商品销量逐渐增加,张小明及其团队面临着网店物流运营的相关问题。于是团队成员决定开始学习网店物流相关知识,以解决在商品包装和物流配送中遇到的问题。

网店物流运营涉及商品包装和物流配送等知识。按照包装商品的工作流程,从商品确认、选择包装材料再到包装完成,网店运营者除了需要掌握常见商品的包装技巧以外,还要能够根据商品的特点和店铺的实际情况选择合适的物流公司进行发货。现在就让我们跟随"创业之星"团队一起体验网店物流运营的相关内容吧!

▢ 项目目标

通过本项目的学习,应达到的具体目标如下:

知识目标
◇了解商品常用的包装材料
◇了解商品包装的基本流程
◇掌握常见商品的包装技巧
◇了解物流公司的类型和特点
◇掌握网店订单发货的操作方法

能力目标
◇能根据商品特点选择包装材料
◇能根据商品特点选择包装方式
◇能根据网店商品选择合适的物流公司
◇能正确对订单进行发货

升学考试目标
◇了解网店各类商品包装材料的类型和特点,掌握网店商品包装的要求和包装方法。
◇了解国内快递公司的特点,学会选择合适的物流公司及制定商品物流方案。

◇掌握商品完整的发货和配送信息。

◇学会妥善处理物流的消费诉求及异议情况

素质目标

◇培养学生在物流包装中的动手能力，提高劳动素养

◇培养学生注重物流服务质量与物流时效的网店物流服务意识

◇培养学生善于观察、勤于思考、主动解决问题的能力

◇培养学生吃苦耐劳的精神品质和善于协作的团队意识

▣ 项目思维导图

》》》》》 任务1

网店商品包装

情境设计

张小明及其创业团队在网络上开设了自己的店铺后，一直潜心学习运营知识，不断优化及推广店铺。功夫不负有心人，"创业之星"团队陆陆续续迎来了多笔订单，这让他们感到兴奋不已。伴随着店铺订单量的增加，商品发货量也随之快速增长。如何将商品进行快速、安全、有效的包装，以增加对商品的保护、降低损坏率，是团队成员急需学习的知识和技巧，本任务将带领同学们一起学习商品包装的流程和方法。

任务分解

在网店运营中，商品包装是影响物流配送的一个重要因素，商品包装的优劣需要经受住物流运输过程的考验，商品能否安全、完好、快速送到消费者手中是网店运营成败的重要指标，本次任务需要重点学习两个内容：①认识商品包装基本流程；②掌握网店商品包装技法。通过本次任务的学习，张小明团队成员将提高店铺的商品包装质量。

活动1 认识商品包装基本流程

活动背景

张小明及其团队成员通过观察发现,日常生活中的网购商品在包装时大多采用了胶带进行缠绕,同时快递盒上附带有标签和地址面贴,他们猜想商品的包装应该都有一个基本的工作流程,而在包装过程中,包装材料是一个重要的组成部分。"创业之星"团队在思考他们店铺主营的商品蜂蜜,应该如何进行包装发货呢? 在正式对商品进行包装之前,他们首先通过资料查找,了解常见的包装材料。

活动实施

第1步: 观察常见商品的内外包装,认识包装材料。

1.常见包装材料的特点

将不同类型的商品和货物进行分类打包,不仅是网店物流中的必要环节,在一定程度上还能起到保护商品、保障运输过程安全性的作用。在打包发货过程中,不同的商品会采用不同的包装材料,由于所使用的包装材料的种类和重量不同,物流成本也有所差别。通常在保障商品安全的前提下企业会采用性价比较高的包装方式以节省成本。常见的包装材料有纸箱、快递袋、气柱卷材、木箱等,如图7.1.1所示。

纸箱是最常见的包装材料,其有着生产便利、空间灵活、堆放方便、保护性高、安全卫生等特点,是许多商家首选的包装材料;快递袋是由快递公司提供的商品包装袋,适用于一些不受挤压影响的商品的包装;气柱卷材有着包装结实、稳定性好等特点,适合于对稳定性要求较高的商品;木箱适用于大型和重型商品的运输,且这类商品易损坏,对防震要求高。

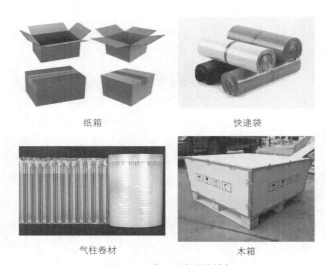

纸箱　　　　　　　　　　　快递袋

气柱卷材　　　　　　　　　木箱

图7.1.1　常见的包装材料

2.常见包装材料的对比

不同的包装材料适合不同特点的商品,包装材料之间的对比,见表7.1.1。

表7.1.1　常见包装材料的对比

对比维度	纸　箱	快递袋	气柱卷材	木　箱
重量	轻	较轻	重	重
成本	低	低	高	高
稳定性	良好	良好	高	高
适用商品特征	一般商品	不受挤压影响的商品	对稳定性要求高的商品	重型、大型且易损坏的商品

第2步： 通过走访电商企业，认识商品包装的流程。

1.确认商品

实施商品包装流程，首先是确认商品。网店中负责打包商品的人员在包装之前先检查包装台面或工作区域是否干净整洁，除了包装过程中必须要用的包装材料和工具等物品以外，不得放置其他物品。工作人员应当先核对商品种类、商品数量是否与销售单一致，如不一致应及时返回销售部，若出现商品破损、商品标签无法正常识别等情况必须移交至质检部处理。当商品的种类、数量、质量得到确认，且商品标签和销售单据通过了扫描器正常扫描，这才代表着商品通过了人工及系统确认，此时便可以进入包装环节。

2.选择包装材料

如何选择包装材料，取决于商品的数量、大小、种类、特征等因素，同时要结合网店物流成本综合考虑。"创业之星"团队根据蜂蜜这一产品的特点，分析店铺的物流成本，最终决定使用纸箱对商品进行包装。打包人员根据销售单上的商品数量决定包装材料的规格和大小，例如一些顾客同时下单多瓶蜂蜜，则选择较大的纸箱进行包装。将商品放置进纸箱后，再次检查订单数量和实物是否一致、订单是否有放入箱内，确认无误后才可封箱。

3.捆扎外包装

捆扎外包装是为了保护商品、防止商品丢失和散落，同时也便于运输、储存和装卸。工作人员须用胶带在商品包装外缠绕成"十"字形，若是拼箱的商品则还要用胶带加固好接口，防止在运输过程中物品遗失。由于"创业之星"团队销售的商品蜂蜜是易碎品，且在运输过程中容易出现泄漏液体等情况，工作人员在捆扎完毕后，必须在纸箱上贴上"易碎物品"标志。用胶带缠绕外箱应不少于2周，捆扎完毕后在纸箱上贴上标签和地址面贴。最后，工作人员将纸箱置于流水线上等待下个流程的扫描工作，此时意味着整个商品包装环节完成，如图7.1.2所示。

图7.1.2　捆扎商品外包装

🗐 拓展思考

如何尽可能保证易碎品在运输过程中不受损？

为了尽可能地降低商品的受损率，尤其是保护好易碎商品，在包装时必须根据商品的特点在周围加上合适的填充物，以起到防震、缓冲的作用。常见的防震填充物有泡沫塑料、塑料气泡膜、报纸等。填充物以体积大、分量轻为佳，如图7.1.3所示。在商品装箱时应预备一定的空间便于放置填充物。最典型用于易碎外包装的材料是瓦楞纸箱，部分体积大且易碎的商品会采用蜂窝纸板包装箱。

活动评价

商品包装是物流运营中的基础内容，它关乎商品能否完整地送到买家手上。张小明认为，卖家应不断学习商品包装知识，掌握商品包装的基本流程，以保证商品在运输过程中的安全性。

活动2　掌握网店商品包装技法

活动背景

通过上一活动的学习，张小明及其团队成员已经了解了商品包装的材料，并且通过商品包装实战，对商品包装的基本流程也有了更加深入的理解。接下来，"创业之星"团队将继续学习网店平台中常见商品的包装技法，以便在物流配送中更好地保护商品。

活动实施

第1步：通过查阅相关资料，了解什么是商品包装技法。

商品包装技法是指包装操作时采用的手段和方法。包装技法包含了对商品进行内包装和外包装的操作方法。

第2步：通过走访电商企业，了解常见商品的包装技法。

1.学习首饰类商品的包装技法

网店中常见的首饰类商品有耳环、手环、项链、戒指等，这类商品的特征是精致小巧，此类商品的内包装一定要用首饰盒或首饰袋包装，卖家可通过批发的形式购买。内包装完成后，根据商品的特征选择合适的外包装，如纸箱。在装箱时，卖家应根据商品的价值和特性，采用一定的填充物进行缓冲以起到防震的作用，必要时可采用木架进行固定，保障商品运输安全。除此之外，卖家在对首饰进行包装过程中通常还会放置一些卡片来表达自己的企业理念，卡片的形式可多样，如品牌介绍、商品介绍、祝福语等，以此赋予一个小小的饰品更多的价值，突出饰品的品质和企业文化，已包装好的首饰商品如图7.1.3所示。

图7.1.3　首饰类商品的包装

2.学习服装类商品的包装技法

网店中的服装类商品多数属于怕脏污的物品，因此一般会先用牛皮纸袋单独包装一层，接着再用干净的塑料袋包裹好，最后再装进防水布袋中，以此完成商品的内包装。由于服装类商品大多不受运输过程中的挤压影响，因此在外包装上可以选择快递袋进行最后的封装，如图7.1.4所示。

3.学习化妆品类商品的包装技法

网店商品中化妆品质地多为霜状或液体状，因此在内包装上多数使用稳定性和密封性较好的玻璃瓶。为了预防化妆品类商品在运输过程中出现泄漏现象，在内包装时应在瓶口用棉花包裹好，再用胶带缠绕固定好，扎紧瓶口；瓶身部分用气泡膜裹好后，用胶带紧紧封住；最后再给商品加一层完整的塑料袋做最后的保护，装进纸箱。为了更加安全、防止碰撞，还要在纸箱中同时塞进泡沫塑料或其他填充物起到缓冲的作用，如图7.1.5所示。

图7.1.4　服饰类商品的包装

图7.1.5　化妆品类商品的包装

4.学习食品类商品的包装技法

对于食品类商品,顾客最看重食物的干净程度、卫生保证和商品分量,因此在进行包装时要从这几个方面入手。对于在常温下易变质的食品,在内包装时应采用真空包装,如图7.1.6所示。在进行食物的包装时,一定要把干净卫生放在第一位,无论是食物的内包装或是外包装的纸盒,都要保证做到干净卫生,让顾客留下好印象。与此同时,也要做好商品分量的把控,在包装时可在货物中附带一张订购清单,让顾客能够核对,同时也方便发货人员进行最后清点,以此保证食物数量不出错。对于在运输过程中易受碰撞影响的食品,例如水果类,这类商品在包装过程中必须用塑料袋或泡沫膜将食品包装好,同时在纸箱中用填充物或纸团塞好间隙,用胶带缠绕封紧纸箱。

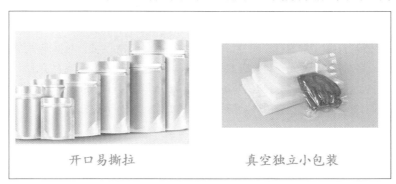

开口易撕拉　　　　　　真空独立小包装

图7.1.6　食品真空包装

活动评价

在网店运营中,因包装不恰当导致运输过程中商品受损的情况时有发生,因此卖家应当特别注重物流运营中的商品包装。通过学习,"创业之星"团队学会了要根据商品特征和物流运营成本等情况对商品包装进行综合选择,以便商品能够在运输过程中实现最低损失。

▣ 友情提示

同学们在对商品进行包装的时候,要合理的对商品进行包装,在确保商品在物流过程中能完好无损的送到买家售中之外,还有秉承着适当的包装原则,尽量不要过度包装,过度使用包装材料,以实现绿色包装,起到保护环境,维护生态的效果。

合作实训

以6~10人一组进行分组，上网检索不同商品的包装材料和包装技法，完成表7.1.2。

表7.1.2　商品包装材料和技法

商品名称	包装材料	包装技法
苹果		
羽绒服		
手表		
茶叶		
铁锅		
爽肤水		

》》》》》》》任务2
网店物流配送

情境设计

互联网的交易过程除了信息流、资金流之外，物流也非常重要。对网店销售的实体商品而言，物流配送是极其重要的一环，店家需要通过物流这一环节将商品最终送到客户手中，因此卖家需要选择更为合适的物流配送方式。张小明及其团队为了做好物流运营工作，接下来将通过网络和实地考察等多种途径，学习物流配送的相关知识。

任务分解

在网店物流配送这一环节中，需要重点学习两个内容：①选择物流公司；②进行订单发货。物流公司选择范围广、各公司的特点和费用也不尽相同，如何选择合适的物流公司至关重要，订单发货中涉及多种物流方式，如何选择，将是本次任务的重点学习内容。

活动1　选择物流公司

活动背景

当前大多网店平台与EMS、顺丰、圆通、中通、申通、韵达、德邦等公司都有合作，不同的物流公司在服务质量、物流成本、物流时效等方面都各具特点。为了提高店铺的发货效率和物流质量，张小明团队认为选择一家适合自身网店特点的物流公司进行长期合作是很有必要的。团队成员需要了解物流公司的类型、特点和价格，以便做出最优选择。

活动实施

第1步: 通过查阅资料,了解常见物流的类型。

1.普通邮递

邮政业务(平邮)是一种较为普通的邮寄方式,它是中国邮政提供的一种发货方式。平邮既包括"普通平信",还包括邮政普通包裹。在发货时,卖家需要将货物交给邮局进行发货,一般全国范围需要7~10天寄到。平邮的优点是价格比较实惠,同时其覆盖网点多,可以寄往农村乡镇等偏远地方,也通达全球各地。但时效性不高,无法满足对物流时效有高要求的买家需求。图7.2.1所示为中国邮政的企业标志。

图7.2.1　中国邮政企业标志

2.快递发货

网上购物的兴起带动了快递行业的快速发展。快递公司是指通过自身独立的网络或以联网的方式,负责将包裹或货物进行快速投递,实现从发货方运送到收货方手中的专业物流公司。快递是一种最典型的发货方式。我国快递企业有三种类型:外资快递、国有快递和民营快递。

第一类是外资快递,一般用于发往境外的货物。有联邦快递(FEDEX)、敦豪(DHL)、天地快运(TNT)、联合包裹(UPS)、高保物流(GLEX)等。外资快递企业有着发达的全球网络和丰富的物流经验,是跨境平台的首选合作对象。

第二类是国有快递,包括中国邮政(EMS)、民航快递(CAE)、中铁快运(CRE)等。国有快递的国内网络体系比较庞大,并通过背景优势,在物流业中占有一席之地。

其中,EMS是中国邮政推出的一个快递服务商品,它以高质量的服务特色为用户传递各类文件资料和物品。EMS可以说是目前中国范围内最广的快递,其网络强大,全国有2 000多个自营网点,任何地区都能到达,安全可靠,可以送货上门。这种物流方式适合于对运输时间有较高要求的商品或用于国际商务的派送。

第三类是民营企业,典型代表为顺丰速运和"四通一达"。大型民营快递企业通过多年的摸索,已经逐步在国内市场立足,是目前多数网店卖家会选择的合作对象。图7.2.2所示为圆通速递的官方网站。

图7.2.2　圆通速运官网

3.货运物流

当网店商品的重量和体积较大时,卖家可采用货运物流方式进行发货。货运物流包括公路货运、铁路货运和航空货运。货运物流一件物品的基础价格是20~30元，当商品体积或重量过大时，用该发货方式较为实惠。货运物流的代表企业有德邦、天地华宇等，图7.2.3所示为德邦快递的陆运货车。

图7.2.3　德邦快递的公路货运车

第2步： 通过官方网站，了解常见快递企业，以顺丰为例。

"创业之星"团队结合网店销售的商品，决定采用快递发货这种物流方式。而当前的快递公司品牌众多，各具特色，可以选择EMS、顺丰速运或"四通一达"等快递企业，到底哪家公司适合自己？团队成员通过快递公司官网进行了解。这里以顺丰速运的官方网站为例。

①进入顺丰的官方网站，网站首页如图7.2.4所示。

图7.2.4　顺丰官网

②了解顺丰的物流服务，顺丰物流服务主要覆盖即时配、快递服务、快运服务、冷运服务、医药服务、国际服务、增值服务等，如图7.2.5所示。

图7.2.5　顺丰物流服务

③了解顺丰的企业理念和特色：顺丰公司是国内领先的综合物流服务提供商，不仅提供高质量的物流服务，还为客户提供一体化的供应链解决方案，如图7.2.6所示。

图7.2.6 顺丰企业介绍

④查询附近的网点，可登录官网首页进行网点查询，如图7.2.7所示。

图7.2.7 顺丰公司网点查询

第3步：通过网站查看运费时效——以顺丰为例。

张小明认为运费时效是团队选择哪家快递企业的重要因素之一。因此他尝试在顺丰官网上初步查询单件商品发货的运费时效。

①在官网首页点击运费时效查询，如图7.2.8所示。

②在运费时效查询页面填写原寄地、目的地、重量等信息，即可查询费用，1 kg以内国内标快18元，国内特快23元，如图7.2.9所示。

图7.2.8　点击运费时效查询

图7.2.9　运费时效查询结果

☐ 拓展思考

国内的主要快递公司各有什么特点，应该如何选择？

表7.2.1　国内主要快递公司对比

快递公司	相对优势	服务特点	服务不足
顺丰速运	采用自建、直营的方式，公司管理严格，人员相对稳定，航空运输发达，具有品牌优势。	服务更好，时效更快。能最大程度保障客户利益。	快递价格偏高，不太适合价值较低的小件商品的运输。
通达系快递	多数采用加盟的形式，公路运输较为发达，运费相对便宜。	运费相对便宜，议价空间较大，网点分别较多。	人员流动性较大，不同网点服务质量有一定差异。
EMS	覆盖范围广，网点多，有品牌价值。	安全性高，投递范围覆盖面最广。	价格偏高，议价灵活性不足。
货运物流	适合大件物品运输，费用较低。	大件物品发货费用低。	网点较少，一般需要自提。

根据表7.2.1对国内快递公司的分析，比较了国内主要快递公司的服务特点后，"创业之星"团队成员认为，选择快递公司要根据店铺经营的商品特点、服务要求及快递费用进行综合考虑。如果店铺经营的商品价值较高，且对时效性要求较强，例如：手机、贵重饰品、重要文件等价值较高的商品，建议使用顺丰快递；如果店铺经营的商品价值不高，体积不大，且店铺的物流成本有限的如五金配件、服装、文具等商品，则推荐选用通达系的快递企业。

活动评价

激烈的快递领域竞争，促进了快递公司服务的不断改进。在开店初期，选择物流公司要慎重。选择一家适合店铺的快递公司非常重要，既要保证快递的安全高效，又能满足网店的财务成本需求。通过本次活动的学习和实操，张小明团队对选择一家合适的快递公司已经有了较为深入的认识。

活动2　进行订单发货

活动背景

目前，淘宝是主流的电商运营平台之一，对于开网店的卖家，必须了解淘宝平台提供的物流服务，掌握如何在后台对订单进行发货。淘宝后台提供了4种物流服务，分别是在线下单、自己联系物流、官方寄件以及无须物流。接下来，张小明团队要在网店后台进行订单发货。

活动实施

第1步：通过登录淘宝后台，了解淘宝物流服务有哪些类型。

淘宝后台的物流服务如下：

1.在线下单

在线下单指的是卖家使用与淘宝合作的快递公司进行发货。如果卖家选择在线下单的发货模式，淘宝会负责联系相应的快递公司上门取件寄件。目前与淘宝合作的快递公司有圆通速递、申通快递、韵达快递、天天快递等。

2. 自己联系物流

除了淘宝平台所提供的快递公司外，卖家还可以选择自主联系物流公司进行发货。

3.官方寄件

官方寄件是淘宝官方推荐的寄件方式。它是阿里巴巴旗下菜鸟裹裹商家推出的一种发货方式，卖家在当日17点前下单当日揽收，17点后下单次日揽收，由快递员上门取件。值得注意的是，若买家的收货地址暂未开通裹裹寄件服务，则卖家无法使用官方寄件进行发货。

4.不需要物流

如果卖家在网上出售的是虚拟商品，不需要物流发货，则可以在后台无须物流选项直接点击"确认"按钮即可完成发货。

第2步：接到商品订单后，需要对淘宝订单进行发货处理。

①登录网店千牛工作台，在后台首页物流管理中点击"发货"，如图7.2.10所示。

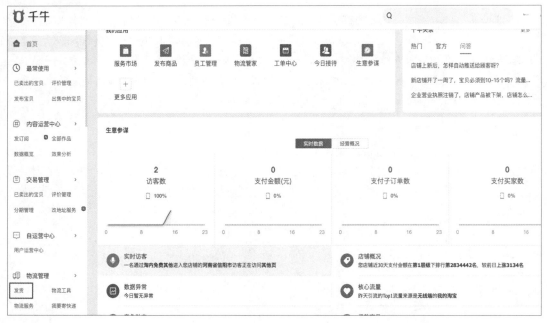

图7.2.10　淘宝发货页面

②在等待发货的订单列表中找到要发货的订单，点击"发货"，如图7.2.11所示。

图7.2.11　淘宝订单发货

③确认收货信息及交易详情，确认发货/退货地址是否正确，如图7.2.12所示。

图7.2.12　发货信息确认

④选择一种物流服务。张小明团队选择了"自己联系物流"服务。在快递员上门取件后，在后台填写运单号，点击"发货"，如图7.2.13所示。

图7.2.13　填写运单号

活动评价

网店后台订单发货是物流运营中的一个重要环节，卖家需要掌握如何对订单进行发货操作，及时进行发货。通过学习和实操，张小明团队掌握了在网店后台进行订单发货的方法。

合作实训

以6~10人一组进行分组，利用互联网进行资料查阅，完成表7.2.2。

表7.2.2　主要快递公司的情况分析

物流公司	首重费用	续重费用	国内覆盖范围	适合的商品（举3个商品例子）
EMS				
顺丰				
韵达				
申通				
圆通				
中通				
德邦				

项目总结

买家在网上购物后都比较关注物流的进展情况，如何保证商品能够在运输过程中保存完好且提高配送效率，涉及商品包装和物流配送这两个环节。通过学习本项目的内容，张小明团队认为每一个网店卖家都必须意识到商品包装和物流配送在网店运营中的重要性，不断学习物流运营知识，提高网店的综合竞争能力。

项目检测

1.单项选择题（每题只有一个正确答案，请将正确的答案填在括号中）

（1）商品的包装材料的选择取决于商品的（　　　）。

　　A.重量　　　　　　B.体积　　　　　　C.特点　　　　　　D.以上全是

（2）下列（　　　）包装材料适用于作为大型冰箱的包装材料。

　　A.纸箱　　　　　　　B.气柱卷材　　　　　　C.木箱　　　　　　D.快递袋

（3）在对液体类商品进行包装时，以下哪种说法是错误的？（　　　）

　　A.在瓶口包裹好棉花

　　B.瓶身用气泡膜包裹好

　　C.快递箱内不需放置填充物

　　D.在外包装贴上"易泄易漏"标签

（4）德邦属于以下哪种物流类型？（　　　）

　　A.邮局邮递　　　　　　B.快递发货　　　　　　C.物流货运　　　　D.以上都是

（5）以下哪种物流服务是菜鸟裹裹商家推出的一种发货方式？（　　　）

　　A.官方寄件　　　　　　B.自己联系物流　　　　　　C.在线下单　　　　D.无需物流

2.多项选择题（每题有两个或两个以上的正确答案，请将正确的答案填在括号中）

（1）下面是关于商品包装的基本流程，哪些是正确的？（　　　）

　　A.确认商品　　　　　　　　　　　　　　B.选择包装材料

C.捆扎外包装　　　　　　　　　　　　　　　D.选择物流公司

（2）如何尽可能保证易碎品在运输过程中不受损？（　　　）

　　A.选择保护性较好的外包装材料　　　　　B.在商品周围放置填充物

　　C.在商品外包装处贴上"易碎"标志　　　　D.易碎品不能进行物流发货

（3）食品类商品在包装时应注意（　　　）。

　　A.干净卫生　　　　　　B.保证分量

　　C.一定要用真空包装　　D.易受碰撞影响的食品要用泡沫膜进行缓冲

（4）淘宝提供的物流服务包括（　　　）。

　　A.官方寄件　　　　　　B.自己联系物流　　　　C.在线下单　　　　D.无须物流

（5）下列属于中国民营快递企业的是（　　　）。

　　A.顺丰　　　　　　　　B.EMS　　　　　　　　C.DHL　　　　　　D.韵达

3.判断题（正确的画"√"，错误的画"×"）

（1）瓦楞纸箱常用于易碎品的包装。　　　　　　　　　　　　　　　　（　　　）

（2）首饰类商品不需要单独用首饰盒或首饰袋进行内包装。　　　　　　（　　　）

（3）常见的防震填充物有泡沫塑料、塑料气泡膜、报纸等。　　　　　　（　　　）

（4）相比于同类型的快递企业，顺丰公司的运费较低。　　　　　　　　（　　　）

（5）目前与淘宝合作的快递公司只有顺丰、圆通和中通。　　　　　　　（　　　）

4.简述题

（1）假设你开了一家专卖陶瓷餐具的网店，请简单阐述在物流发货时，应当如何对店内商品—陶瓷餐盘进行商品包装。

（2）结合自身经营的商品，简述淘宝卖家如何确定快递公司的选择方案。

项目7
项目检测答案

[1] 一线文化.2天学会网上开店与经营 [M].北京: 中国铁道出版社, 2016.

[2] 王伟.玩法变了 淘宝SEO网店流量疯涨的秘密 [M].北京: 电子工业出版社, 2013.

[3] 淘宝大学.网店推广核心工具 [M].北京: 电子工业出版社, 2012.

[4] 罗岚.网店运营专才 [M].南京: 南京大学出版社, 2010.

[5] 柏松.新手学网上淘宝与开店 [M].上海: 上海科学普及出版社, 2011.

[6] 葛存山.淘宝网开店 装修 管理 推广 一册通 [M].北京: 人民邮电出版社, 2013.

[7] 欧阳俊.网上开店 [M].重庆: 重庆大学出版社, 2017.

[8] 张雪玲.网店运营 [M].重庆: 重庆大学出版社, 2016.

[9] 神龙工作室.淘宝网上开店实战入门 [M].北京: 人民邮电出版社, 2009.

[10] 宋俊骥, 孔华.网店运营实务 [M].北京: 人民邮电出版社, 2018.

[11] 李杰臣, 韩永平.网店数据化运营 [M].北京: 人民邮电出版社, 2016.